创业征途　浙里启程

我们交给时代的答卷（2022）

鲁柏祥　阮俊华　主编

ZHEJIANG UNIVERSITY PRESS
浙江大学出版社
·杭州·

图书在版编目（CIP）数据

创业征途 浙里启程：我们交给时代的答卷. 2022 /
鲁柏祥, 阮俊华主编. -- 杭州：浙江大学出版社,
2022.12

ISBN 978-7-308-23157-2

Ⅰ. ①创… Ⅱ. ①鲁… ②阮… Ⅲ. ①大学生－创业
－案例－中国 Ⅳ. ①G647.38

中国版本图书馆CIP数据核字（2022）第191187号

创业征途 浙里启程——我们交给时代的答卷（2022）

鲁柏祥 阮俊华 主编

责任编辑	曲 静
责任校对	杨 茜
封面设计	周 灵
出版发行	浙江大学出版社
	（杭州市天目山路148号　邮政编码310007）
	（网址：http://www.zjupress.com）
排 版	浙江时代出版服务有限公司
印 刷	浙江省邮电印刷股份有限公司
开 本	880mm×1230mm　1/32
印 张	9.75
字 数	195千
版 印 次	2022年12月第1版　2022年12月第1次印刷
书 号	ISBN 978-7-308-23157-2
定 价	58.00元

编委会

主　任：邬小撑

副主任：郭文刚　阮俊华

主　编：鲁柏祥　阮俊华

编　委：王承超　金若熙　郑　阳

　　　　杨小雪　梁思姝

一切创新创业，皆为"中国"二字

创新创业，国家发展之根，民族振兴之魂。

习近平总书记高度重视青年创新创业工作，强调"未来总是属于年青人的。拥有一大批创新型青年人才，是国家创新活力之所在，也是科技发展希望之所在"①，寄语广大青年"要敢于做先锋，而不做过客、当看客，让创新成为青春远航的动力，让创业成为青春搏击的能量，让青春年华在为国家、为人民的奉献中焕发出绚丽光彩"②。在迈向第二个百年奋斗目标新征程中，深刻领会习近平总书记关于青年工作和有关创新创业重要论述的深刻内

---

① 《加快从要素驱动、投资规模驱动发展为主向以创新驱动发展为主的转变》。《十八大以来重要文献选编》（中）. 中央文献出版社 2016 年版，第 27 页。
② 2016 年 4 月 26 日，在知识分子、劳动模范、青年代表座谈会上的讲话。

涵，以强烈的责任感和使命感聚焦立德树人根本任务，推进创新创业教育，具有重要而深远的意义。

中华优秀传统文化蕴含创新创业思想。"创"的本义是"开辟"，而"新"则对应"旧"而言。中国的先贤早已意识到"苟日新，日日新，又日新"的道理。人生是一个不断超越自我的过程，也是在不停地进行"自我创新"。一旦由"创新"形成认识，那么实践创新理念的"创业"行为也随之而来。作为不可分割的两个部分，"创新"是"创业"的起点，"创业"是"创新"的延续和提升。从逻辑上说，一个人首先必须有新思路、新想法，形成对事物独特的认识。只有一个人在论证自己的新思路、新想法是正确的时候，他才会去实践。一个人有了属于自己的创新认识后，要转变为行动意志，还须经历许多痛苦的抉择。当其决定付诸行动时，就必须筹划如何把自己的创新认识变成现实，进而采取一系列行动，共同研究需求，组织志同道合者，共同承担相应风险与责任等。这也就拉开了"创业"的序幕。可以说，创新创业潜能具有普遍性。那么，在全面建设社会主义现代化国家的今天，该以何为新，以何为业？

2017年，习近平总书记给第三届中国"互联网＋"大学生创新创业大赛"青年红色筑梦之旅"大学生回信，"希望你们扎根中国大地了解国情民情，在创新创业中增长智慧才干，在艰苦奋斗中锤炼意志品质，在亿万人民为实现中国梦而进行的伟大奋斗中实现人生价值，用青春书写无愧于时代、无愧于历史的华彩篇章"。这寄托了总书记对青年创新创业者的殷切期待。2021年，李克强总理在全国大众创业万众创新活动周上强调，"广泛育才聚才，弘扬科学精神、专业精神、工匠精神，呵护创造激情，崇尚务实笃行，使千千万万想创业、敢创新、能创造的奋进者尽显身手，在奋斗中实现不凡创造"，倾注了总理对青年创新创业者的深切关怀。在新的征程中，心怀"国之大者"，厚植人民情怀，服务现代化建设，助推共同富裕，对每一位青年创新创业者而言都是鲜明的主题主线。

高等教育阶段，是人生创造力最为旺盛的时期。创新创业教育是中国高等教育的"必修课"，也是"金名片"。放眼全球，没有哪个国家能像中国这样，普遍将创新创业教育贯穿人才培养全过程。尤其在高等教育阶段，作为以创新创业精神培养为基础、以创新创业能力发展为中心、面向所有学生开展的具有专业水平的教育形态，创新创业教育适应了当代经济社会高质量发展的迫切需要。探索具有中国特色的创新创业教育模式，将是中国为世界做出的重要贡献。

浙江大学立足浙江这片改革创新热土，具有优良的创新创业教育传统，一直以来得到党和国家的重视与关怀。习近平在浙江工作期间，18次亲临指导。2007年习近平到浙大调研时，就强调要"促使'会读书的人'成为'会创造的人'，不断向社会输送具有创新精神和创新能力的各类人才"。总书记的重要指示富有创见、极具远见，为浙大创新创业教育工作指明了根本方向。高校创新创业教育的目的，不仅是培养一批创业者，更在于为高等教育注入创新创业基因，增强学生创造力、创新思维和创业精神，推动整个教育体系迭代升级，实现高质量发展。

在探索具有中国特色创新创业教育道路的过程中，浙江大学以"基于创新的创业"教育模式，坚持把创新创业精神、创造研发能力和社会责任感培养贯穿人才培养全过程，注重以创新驱动为引领、以服务学生成长为根本、以科技创新为动力、以学科发展为支撑，聚焦师生校友创业及成长、合作企业转型升级，统筹和集聚社会、政府、企业、学校创业就业教育资源，全面系统地开展创新创业教育工作，成为中国高等教育创新创业教育领域的开拓者、引领者。

面向未来，浙江大学将实现从单元型创业教育向体系型创业教育转型、从课堂型创业教育向生态型创业教育转型、从就业型创业教育向创新型创业教育转型，构建以创新为基础的创业教育生态体系（Innovation-based Entrepreneurship Education Ecology, IEEE)，努力开创具有浙大特质、中国特色、世界水平的创新创业教育新局面。

本书精心选取的 20 个案例，真实记录了浙大人青春激扬的求学时代、上下求索的创业生涯、筑梦前行的事业征程，全面展现了青年创业者所面临的矛盾与抉择、困顿与坚守、付出与成长，形成了一个个生动鲜活的奋斗故事，构筑了一幅幅勇立潮头、敢闯会创的弥足珍贵的时代画卷。与此同时，本书也系统梳理了浙江大学在创新创业教育领域的理论探索路径、深度实践历程和广大师生校友共同创造的落地经验。希望通过这些努力，让大学生朋友们感悟创新创业价值、获得创新创业熏陶，并与创新创业教育同仁学习研讨、交流互鉴、共谋未来。

"创新"的本质就是不断超越，"创业"的本质就是把理想变成现实，"教育"的本质则是能力赋予和方向引领。一切创新创业，皆为"中国"二字——扎根中国大地、弘扬中国文化、凝聚中国智慧、解决中国问题、服务中国发展、共圆中国梦想。

浙江大学党委副书记　邬小撑

2022 年 4 月

目　录

绪言：基于创新的创业教育

——浙江大学创新创业教育回顾

习近平总书记指出："青年是国家和民族的希望，创新是社会进步的灵魂，创业是推动经济社会发展、改善民生的重要途径。青年学生富有想象力和创造力，是创新创业的有生力量。"[①]深化创新创业教育改革，形成新的人才培养质量观，造就一批具有创新精神、创业意识和创新创业能力的高素质人才，既是高校落实习近平总书记重要指示精神的重要行动，也是培养社会主义事业建设者和接班人的必然要求。沿着总书记指引的方向，浙江大学坚守"为党育人、为国育才"使命，牢牢抓住全面提高人才培养

[①]《致二〇一三年全球创业周中国站活动组委会的贺信》，《人民日报》2013 年 11 月 9 日。

能力这个核心点，将创新创业教育贯穿于人才培养全过程，积极探索创新创业人才培养的新模式。

创新创业是最鲜亮的时代主题，创新创业教育是浙江大学的金名片。近年来，浙江大学扎根中国大地，勇立时代潮头，持续深化基于创新的创业教育。重视系统推进，积极构建通识教育、学位教育、专业教育、辅修教育等多层次、分类别的课程体系，着力打造创新创业认知和价值教育、素质与能力教育、实习与实训教育、实践与孵化教育等环环相扣的创新人才培养模式。推进课程建设，重点开发18门专创融合特色示范课程，建设含100余门高质量课程的创新创业教育课程群，并纳入学生培养方案及学分管理，建设创新管理等6门创新创业教育在线开放课程。加强教材建设，自主编写创新创业教育教材16部，建立案例库12个。打造高质量育人品牌，开设创新与创业管理强化班、工程教育高级班等复合型人才培养特色辅修班，获批全国首个创业管理二级学科博士点，创办GEP、中法创新管理双学位班、PIEGL等创业管理硕士学位项目，实现本、硕、博全覆盖。强化政策支持，制定和完善推免激励、休学创业、资金与空间等帮扶政策，激发学生创新创业热情。

浙江大学坚持面向科技前沿，打造全链条创新创业教育模式。深化创新驱动，成立21个院级创新创业教育中心，建设47个校院联合共建创新创业实验室、8个创新实践基地，组建"青年志愿创新咨询师服务团""双创报告团"等队伍，强化服务社会的价值导向，推动科研成果转化为现实生产力。加强前瞻谋划，推进现有 44 个国家级科创基地、244 个省部级科技创新基地优化整合，组织优势力量参与学校国家重点实验室建设工作。发起设立浙江知识产权交易中心，建设国家大学科技园、校友总部经济园、三墩元空间和紫金创业元空间等 20 余个校内外创新创业基地，探索"政校企"合作交流和人才培养联动发展模式。建设联合研发中心、技术转移中心、创业孵化平台等国际合作基地，联合成立浙江大学硅谷创业实验室，探索形成"国际合作创业教育 + 海内外联动创业"为特色的国际化人才培养模式。

浙江大学积极参与国家级和省部级等各类"双创"品牌活动，倡导青年学生开展基于创新驱动、技术支撑、战略引领的创业实践，积极打造"双创"系列特色活动品牌。发挥国家大众创业、万众创新示范基地带动作用，深入实施创业就业"校企行"专项行动，加强与航天科工、国家电网、阿里巴巴等近 30 家企业双创示范基地协同联动，累计开展项目对接 120 余次，落地合作资金近千万元，带动数千万元投资和意向投资。建立求是强鹰俱乐部、创业联盟、未来企业家俱乐部等 30 余个创业类学生社团，连续 15 年开展"求是强鹰实践成长计划"，邀请 150 余名浙商企业家担任创业导师，帮带培养 1600 余名学生在创新创业实践中历练成长。每年开展创新创业类活动 300 余场，组织 75 类、140 项学科竞赛项目。浙大学子频频在国内外重大赛事中荣获最高奖，前七届中国国际互联网 + 大学生创新创业大赛金奖总数居全国第一，李响、白云峰、王旭龙琦、钱文鑫等四位浙大学子荣获教育部创新创业英才奖。

浙江大学系统构建了以"基于创新的创业"为主线的全链条创新创业教育体系，融通四个课堂，在"学而优则创"的文化中营造卓越的创新创业育人生态。经过 20 多年的发展，逐渐形成对接国家战略、支撑区域发展、彰显学校特色的教育发展路径，在培养兼具家国情怀、国际视野、全球竞争力的高素质创新人才方面取得积极成效。学校荣获全国高校实践育人创新创业基地、全国深化创新创业教育改革示范高校、全国创新创业典型经验高校、全国高等学校创业教育研究与实践先进单位、全国深化创新创业教育改革特色典型经验高校等荣誉，入选国家双创示范基地，成为创新创业教育的引领者。

本书从浙江大学创新创业实践出发，基于师生创新创业真实经历，对创新创业征途中的浙大学子（校友）的实战经验进行了较为深入的阐述，以期给大学生创新创业提供有益借鉴，进而更好推进"双创"人才培养。

本书选取的 20 个浙大学子创业典型案例，由具有丰富创业指导经验的浙大教师参与编写，在此为提供案例的同学和校友致以深深的谢意。尽管这些案例经过了精心取舍和用心编撰，但受水平所限，书中难免有疏漏不足之处，敬请专家同仁和广大读者批评指正。

浙江大学创新创业学院常务副院长　阮俊华

2022 年 4 月

上　篇

创业者特质

　　创业者特质通常可从自然人和社会人两个维度进行考察。自然人维度将创业者视为独立个体，主要包括成就动机、风险承担性、内控能力、创新性和先进性；社会人维度认为创业者是连接创业企业和外界的最重要因素之一，主要包括自我效能感、创业警觉性、先前经验等。

　　成就动机、风险承担能力、内控能力是创业者区别于一般管理者并影响创业成败的关键特质。

　　自信、自主是创业者的自我意识特征，刚强、坚持、果断与开朗是创业者的性格与气质，不以物喜、不以己悲是创业者的情感要求。这些特质影响甚至决定了一个人最终是否会成为一名成功的创业者。

　　创业者每天都要面对大量信息，创业的背后其实是创业者对市场机会的敏锐感知，从而先行感知、把握市场机会与潮流。优秀的创业者具有极强的市场预判力，能准确定位自己，善于积极应对市场变化，从而在不断变化的市场中把控企业的目标与方向。

　　扎实的知识积累对于创业极为重要，良好的知识素养也是创业者所必备的。

案例一

方毅：快速迭代，细细打磨

一、概述

创业者

方毅，每日互动股份有限公司（个推）创始人兼 CEO，浙江大学竺可桢学院混合班、强化班毕业生，计算机学院硕士研究生，第 24 届"中国青年五四奖章"获得者，国家"万人计划"科技创业领军人才。

方毅是大学生创业的典型，曾入选中宣部、教育部和团中央组织的"全国大学生建功立业重大典型"先进事迹报告团；曾先后获得第十届"中国青年创业奖"、科技部组织的中国创新创业大赛互联网组第一名以及中国地震局颁发的"防震减灾科技成果奖"等荣誉。方毅现任中华全国青年联合会常务委员会委员、中国青年企业家协会副会长、浙江省工商联执委、杭州市政协委员、浙江省新生代企业家联谊会执行会长等职。

2018 年，入选第四批国家"万人计划"科技创业领军人才。2019 年，获共青团中央、人力资源及社会保障部颁发的第十届中国青年创业奖。2019 年获"年度风云浙商"称号，同年还获中共杭州市委、杭州市人民政府颁发的"杭州市首届杰出青年人才"称号。2020 年，分别获得由浙江省政协颁发的"最美政协人"称号和由共青团中央、全国青联颁发的第 24 届"中国青年五四奖章"。

组织简介

每日互动股份有限公司成立于 2010 年，是专业的数据智能服务商，致力于用数据让产业更智能。公司以海量的数据积累和创新的技术理念，构建了移动开发、用户增长、品牌营销、公共管理和智能风控等多领域的数据智能服务生态。2019 年 3 月，每日互动登陆创业板，成为国内率先在 A 股上市的数据智能企业。

二、创业历程

初生牛犊，针尖起舞

连续创业者多是勇者，他们有不灭的梦想、持续的坚持及强劲的执行力，方毅就是其中的典型。

这位 80 后 CEO 出生于温州，就读于浙大。杭州有着特别的创业氛围，方毅也说自己骨子里就流淌着创业的基因，温州赋予他创业的精神，母校浙江大学给予他创业的能力，而杭州是最适合创新创业的沃土。

1999 年，方毅被保送进入浙江大学混合班。混合班是浙江大学于 1984 年开始设立的培养工科拔尖创新人才的英才教育班，是今天浙大竺可桢学院的前身。2001年，方毅加入竺可桢学院创新创业管理强化班，两年后被保送为浙大计算机学院硕士研究生。相较于上一辈人，这位80后的创业者，少了一份"挣脱穷困"的苦，多了一种"爱我所爱"的甜。在浙江大学创新创业管理强化班学习期间，方毅就笃定要走出一条属于自己的创业之路。方毅是浙江大学的风云人物，不仅课业成绩优异（仅本科就获得了204.5个学分），而且时常活跃于科创类学生社团，并且不是单纯"加入"，而是"组建"。"浙江大学学生科学技术协会""亚太区学生企业家精神协会"等都是当年他组织成立的社团。这也为方毅之后的创业积攒了宝贵的经验和资源。

2005年，还在浙大读硕士研究生的方毅开始了创业。当时，他的几位学长已经开始"扑腾"，一年跑出了100多万元的营收，这让方毅既羡慕又兴奋。在一次课余聚会中与几位实验室师兄的聊天使得方毅那颗常埋心底的创业种子破土而出。"一有点子就开干！"就这样，24岁那年，在浙江大学求是园内，方毅立下"与硅谷赛跑"的志向，开始了创业之路。第一次创业，方毅做的是硬件产品，是一款叫"备备"的充电器，能够在给手机充电的时候自动把手机通讯录存到充电器上。

他的创业灵感来自生活中的一件小事：许多人用的手机一旦丢失，储存在手机里的通讯录也就没有了。能不能每天对手机数据进行备份呢？于是，方毅联系了4个志同道合的同学，5个人共凑了6万元资金开始创办公司。当时，市面上有1000多种手机，驱动程序各不相同，流行的平台有 40 多个，所有的平台和驱动程序都需要逐一适配。方毅和创业伙伴以轮班的方式进行开发，当时的 CTO 在接连失败后瘫坐在地上高呼"做不到"，但歇了不到 5 分钟，又跳起来继续敲代码。

在那段蜗居民房创业的峥嵘岁月里，方毅专门从不充裕的资金中拿出一部分，雇了一位做饭很好吃的阿姨为大家煮饭，"把大家吃胖了，心也就沉下来了"。经过一段时间的开发，方毅的团队最终将与 1000 多种手机、40 多个平台适用的备份软件写进了代码里。集通讯录备份与充电器于一体的硬件产品"备备"问世了。尽管这个产品现在早已用不上，但方毅的团队把技术做到极致的基因一直传承了下来。因为"备备"这款产品，他参加了不少电视节目，甚至上了央视。在由王小丫主持的 CCTV 节目上，李彦宏是他的创业导师。节目播出几天后，他的办公室每天都有人来要求做代理商，每天都有几百个电话咨询。

但是，"备备"成功的喜悦只持续了不到两年。2007 年 11 月，大洋彼岸的谷歌宣布，一个基于 Linux 平台的开源手机操作系统诞生，这个叫安卓的系统，彻底改变了手机行业的格局。

智能机时代即将到来，通讯录备份变得更加简便。这时摆在方毅面前有两个选择，要么放弃"备备"转战软件，要么将"备备"卖到尚未使用智能机的市场。面对这些，方毅也有自己的对策。他想做一个手机搬家软件，"商业模式都想好了，当用户把'备备'连接上新机时，弹出一个界面告诉他，之前他常用的软件是哪些，是否需要一键下载"。但公司董事会并不赞同方毅的思路，因此方毅就转而与南非三大运营商谈妥"备备"的合作计划，10个月后，"备备"在非洲彻底产业化。回忆那时起步做应用、后来被百度以19亿美元收购的91手机助手，方毅嗟叹："应该说全世界最好的机会曾在手上，把原来所有的手机适配一遍是没有时间窗口的，只有我们是已经做到过的。我们失去了至少价值19亿美元的机会。"

现在，公司的会议室挂着40多个各年代的手机，这些手机见证了方毅的创业史。

蚂蚁斗象，锋芒初现

"个信"是方毅的第二个创业项目，从2009年开始运作。那时，苹果手机刚进入中国不久，智能手机还没有普及，人际通信最常用的就是短信。以手机号为ID，以通讯录为好友列表，以短信界面为载体，他们把塞班、安卓、iOS等7个平台都做了适配，不同平台间的用户可以通过"个信"进行免费聊天。现在回头看，"个信"比iPhone的iMessage足足早了一年。

初期，当用户使用"个信"时，系统会提取用户通讯录，并给所有联系人发一条邀请短信。后来，方毅开始思考如何更精准地触达用户。他的解决方案是，当双方用"个信"互发了三条消息后，APP会弹出推荐安装的提示，而用户在安装"个信"后，每多发一条短信，底部都会提示"'个信'又帮你省了0.1元"。

这一思考也为后来让他功成名就的产品做了策略铺垫。"个信"的用户数很快达到千万量级，甚至超过运营商主导的同类产品"飞信"。但好景不长，2011 年，微信横空出世，语音＋社交两大功能让它大获成功，不到一年时间用户量就破亿。

方毅说，如果将互联网大厂比作大象，自己就像一只小蚂蚁，和大象处于同一赛道时，可以通过极致技术逼走大象，"就像蚂蚁可以拿针扎大象一样"。但不只微信，更多的大厂开始入局，微信对于腾讯来说是一条必经之路。他这一只蚂蚁，走在象群迁徙的必经之路上。面对后来者居上的竞争对手，面对董事会"短期扭亏"的压力，他决定放弃"个信"，发展"个推"。那一次，公司经历了唯一一次大规模裁员和团队调整，也是方毅创业以来最大的一次阵痛。现在回首，正是这位年轻企业家的果断决绝，为公司谋得了新生。"坚持其实容易，难的是判断这种坚持到底值不值得，更难的是不放弃，勇敢迎接转型的阵痛。"在最艰苦的那半年，公司人数从一两百人锐减到 30 多人，"不是什么壮士断腕，就是活不下去了"。很多人会问方毅，这个赛道这么完美是怎么被发现的，他就会告诉别人，是被逼出来的，什么能赚钱而且他们有竞争力，那就做什么。在积累了 1000 多万用户却仍被"干掉"之后，方毅积累了不少与推送相关的技术。和其他创业者一样，方毅认为，推送是一个成本会不断被卷进去、同时耗时耗力的坑。所以方毅做了"个推"，希望帮开发者把事情做到极致，并将成本降到最低。

专注送水，鲸鱼出水

一次偶然的交流，方毅得知阿里当时想做关于商品物流的实时推送，但因为流量消耗过大放弃了。而推送技术对于"个信"来说，恰恰是看家本领。在"个信"的高光时期，一个月的推送只需消耗用户 0.8M 的流量，远低于 40M 的行业普遍情况，每日的耗电量也仅有 2% 左右。在发现新商机的同时，他也熬来了翻身的机会，第三个创业项目"个推"初具雏形。"个推"成为国内第三方消息推送市场的早期进入者和开拓者。"个推"的"个"似一个向上的箭头，代表着积极向上，将技术做到极致，这也是公司的灵魂所在。

2012 年夏天，伦敦奥运会开幕前 3 天，方毅和新浪微博开始合作。新浪提出一个想法，希望在奥运会期间为每一位新浪 APP 用户第一时间推送金牌消息。这一需求对方毅公司而言无疑是一个巨大的机会，苦心经营多年的推送技术，终于有了大展拳脚的机会。团队连夜打通相关技术难点，3 天后，金牌消息推送系统按时上线。

这是国内第一次在重大新闻发生后，手机能在第一时间收到通知栏消息的推送。有了这次的成功案例，"个推"之名响彻中国内容行业江湖，订单也如雪片般飞来。在起步的那段时间，方毅特意买了一个大锣，并立下一个规矩：每签约一个客户，就敲一下；每发一个新版本，就敲两下；用户每增长 100 万，就敲三下。一旦有部门负责人达成目标但忘记敲锣，就会被方毅骂得狗血淋头，"就是想用那'咣'的一声让员工感知他们的成功。因为传递每一个胜利的消息都是极其重要的，要把它固化成一种仪式感保留下来"。

带着对极致技术的信仰，方毅给公司找到了一条避开大象的赛道，专注提供推送服务技术，让互联网企业专注"挖矿"，自己在旁边为这些企业"送水"。他认为，只有把一项技术做到极致的企业，才能在互联网领域有江湖地位。刚开始做"个推"时，手机流量的包月基本只包含了 5MB、10MB 流量，而信息推送需要保持手机长时间在线，他们就把省电、省流量做到极致。推送需要速度快，方毅团队通过优化服务器，把速度做到极致，做到一秒钟发送 100 万条信息无卡顿。这种竞争力不是技术的问题，而是基本的生存能力，在技术赛道上一定要把不可能变成可能。"个推"的 logo 是一只可爱的鲸鱼形象。对此，方毅解释，鲸鱼大多数时间很低调地沉在水面之下，但每当需要时，它便能立刻浮上水面，喷出巨大的水柱，非常惊艳。

三年竹根，三米竹笋

随着在技术服务领域的迅速成长，每日互动（个推）得到了互联网开发者的信任与支持，先后成功服务了新华社、微博、快手、京东商城、滴滴出行、咪咕阅读、网易新闻、芒果 TV、招商银行掌上生活等众多知名客户。方毅经历过很多阶段，刚开始处处是矛盾。从"备备"到"个信"，方毅团队不断积累经验，不断完善核心技术；到了推出"个推"的时候，他们的价值观已经很清楚了——做一个对大众、对开发者有用的产品。

3 年之后，他们找到了商业模式，提出"从竹子根到竹子树"的理念。他们坚定数据智能这条道路，找到了自己的坐标。看不见的"竹根"指的是公司大数据的沉淀，看得到的"竹笋"是数据智能在各垂直领域的落地应用，连接两者的就是"治数平台"。这也是每日互动的业务逻辑。

每日互动的业务逻辑分为 D-M-P（data-machine-people）三层。底层"D"是指大数据沉淀，基于公司在为开发者服务中积累的数据以及对海量动态数据的深入洞察，源源不断地为顶层业务提供数据支撑。中间层"M"是指基于大数据集群，通过深度神经网络等算法多维度深入萃取数据间联系，以联邦学习和中立国技术保障数据安全，以针对性的数据策略、基于实践的方法论，驱动顶层业务的管理系统。上层"P"是指结合数据模型与行业专家知识，在多个垂直领域打造产品化、规模化的盈利数据智能应用平台，并继续在更多垂直领域不断探索数据智能落地的新场景。

"D-M-P"三层的关系，就是数据智能的"马—鞍—人"，人凭借丰富的经验和上乘的马鞍才能驾驭千里马。依靠海量的数据积累和创新的技术理念，每日互动率先实现了数据智能在多元经济的落地应用，构建了移动开发、用户增长、品牌营销、公共管理和智能风控等多领域的数据智能服务生态。

2019 年 3 月，每日互动在创业板成功上市。成功登陆 A 股市场，每日互动不仅引领数据智能亮相资本市场，更让市场看到了数据智能的无限可能。

在上市仪式上，方毅留下了一张"调皮"的照片，用两只手在头上比了数字"6"，模仿"牛"的形象，方毅的"皮商"形象显现无遗。所谓"皮商"，是方毅的投资人俞铁成对他的评价——调皮，皮实。调皮，是聚拢、鼓舞身边人的方式；皮实，是死磕极致技术的精神。

方兴未艾，推陈出新

上市是每日互动发展史上的里程碑，标志着每日互动迈入了一个全新的发展阶段，进入了一个更为宽广的舞台。

白天，方毅与公司的科研团队一同埋头苦干，潜心钻研，或者与客户沟通，深入了解他们各方面的需求。夜晚，他则会停下来梳理思考，总结提升，及时调整方向。方毅带领公司，始终坚守创业初心，持续践行大数据力量，增能各行业升级，驱动产业协同，布局数据数智生态。

在开发者服务领域，每日互动面向移动互联网领域专门打造了一整套的精细化数据运营解决方案，实现从"获客"到"激活"再到"变现"的用户全生命周期管理闭环。公司将运营中的理念和方法论产品化，将消息推送、用户画像、应用统计等开发者服务体系化，将大数据和人工智能工具化，打造一站式用户全生命周期管理平台。

在增值服务领域，每日互动持续打造流量平台，提升运营能力，充分发挥公司强大的数据萃取、分析、挖掘能力，为客户提供 APP 全渠道拉新与促活服务，智能高效地拓展新用户，有针对性地提升老用户活跃度。

在品牌服务领域，每日互动的品牌 DMP 数据服务——个灯数盘，能提供涵盖多维度用户画像分析、智能流量筛选等解决方案，全方位满足品牌人群洞察和精准定向投放的需求，全面提升品牌营销价值。

在公共服务领域，每日互动积极探索数据智能与公共服务的结合点，为政府相关部门和各级企事业单位在应急管理、抗震减灾、公共安全、智慧文旅、人口与空间规划等公共领域提供大数据服务，助力社会治理持续创新。其中，在城市治理领域，每日互动提出"数治小脑"解决方案，并以此为指导打造"人口数盘""规划数盘""交通数盘""经济数盘"，针对不同场景提供相应的解决方案，助力智慧城市建设。在风控服务领域，每日互动用大数据为各领域客户提供设备风险识别、用户风险评估、高意愿用户智能筛选等服务，帮助客户智能分析推广渠道质量，防范"薅羊毛"和业务攻击，有效降低获客成本，保障业务安全。

每日互动用科技改变每日生活，用数据让产业更智能。

不忘初心，科技公益

2020 年是一个特殊的年份，在抗击新冠肺炎疫情与复工复产的双重大考之下，浙商勇立潮头、敢于担当，一手抓抗击疫情，一手抓复工复产，在打造数字经济第一城中砥砺奋进。其中，方毅就带领着他的每日互动走在前列。

"我们懂得大数据，也第一时间跨界运用到实战当中去，快速迭代出新方法，在社会的共同命运当中能够深度参与并投入正能量。那段时间，我每天只能睡三四个小时，基本不着家，连年夜饭也是在高铁上吃的，女儿都要开除我的'家籍'了！"

说起抗击疫情最为紧张的时候，方毅把思绪拉回到 2020 年初。早在 1 月 19 日，方毅就带领公司成立了"个医"团队，并与李兰娟院士团队合作，一起投入抗击疫情的战斗中。双方还创造性地提出"无意识密切接触者"这一概念，用于精准防疫。

"1 月 27 日，我们推测全省的疫情态势分布，计算未来浙江整个疫情的态势，基本把态势算得很准。"方毅说。在连续十几天的日夜作战中，个医团队通过大数据分析，帮助疫情防控部门找到工作重点区域、重点人群和重点场景，为疫情防控相关部门提供科学决策的依据，实现疫情可追溯、可预测、可视化和可量化。

在抗疫期间，方毅带领公司先后投入 300 多位员工、调动数百台服务器，累计无偿投入折合人民币超 1000 万元。

在高强度的战斗中，旗下个医团队为健康码"赋码引擎"的开发提供了技术支持。方毅还带领团队为国家多个部委以及多个地方政府的防疫工作提供技术支撑。每日互动研发的"新冠防疫数据智能平台"列入国家民政部"社区防控信息化产品清单"和工信部"支撑疫情防控和复工复产复课大数据产品和解决方案名单"。方毅带领团队用大数据抗疫，交出了一份漂亮的成绩单。

　　这也正是方毅和每日互动一直坚守的"科技助力公益"信念的体现。这些年，方毅一直是科技公益的践行者，他与各级政府和企事业单位积极合作，在防灾减灾、应急管理等公共服务领域提供数据与技术服务，开创了科技助力公益新模式。比如，2013 年，与中国地震台网中心联合推出"地震速报"APP。2017 年，联合多家互联网企业成立"公益推送联盟"，助力预警信息发布的"最后一公里"。用科技助力公益的实践给团队带来了很多思考，也带来了很多沉淀。方毅还梳理了"数字、数智、数治"之间的关系，并提出"数治小脑"解决方案。在方毅看来，"首先是数字化；其次是数智，大数据的目标是找到关心的小数据，而不是收藏数据；再次是数治，结合场景和要素落地、见效"。

　　数字、数智、数治就是通过梳理数字化要素，找到关键数据，转化为可以合理地应用知识并进行正确判断决策的能力，并结合场景和管理要素落地。如果把城市治理比喻成人脑的运行，大脑、小脑和脑干各自扮演了不同的角色。在城市数字治理中，大脑发挥了指挥和思考作用，小脑则发挥了重要的协调和平衡作用，脑干则为城市数字化发展运行提供机能保障和生命保障系统。精密的"数治小脑"是运动调节中枢，协调数治平衡，以其灵活、实用、高效的特点，创新性解决城市治理的场景痛点，让城市管理更加高效和精细。带着这些经验与思考，方毅带领公司积极探索数据智能与公共服务的结合点，高效增能社会治理。

创业孵化，以终为始

2007 年，科技部资金支持了包括方毅在内的 7 个浙江大学的大学生创业团队。他常提及这件事，"这 7 个团队当时做的项目到现在已经全部都不在了，但是这 7 个大学生创业团队都还在，并且都获得了不同程度的成功"。

作为大学生创业的典型，方毅一直很关注这一领域。方毅和他的妻子张洁共同发起了"涌泉—华旦基金"，专注移动互联网行业的创投。之后，他们又在杭州的梦想小镇设立了移动互联网和大学生创业新型孵化器——"湾西加速器"，专注于为大学生和年轻创业者提供国内外创投对接、人力资源、产品及商务、国际化交流等全方位创业服务。

三、创业小结

创业多年的方毅，还经常回到校园，跟学弟学妹们分享创业历程和心得。他还在杭州市政协会议上提出了"以绣花针式功夫推进大学生创业"的提案，希望推动大学生创业蓬勃发展。在清华大学五道口金融学院全球创业领袖项目学员的一次分享会上，他给正走在创业路上的年轻人提建议：创业从来都不是一个简单的过程，找准自己的定位，找准自己的市场，找准需要去解决的问题,在某一个领域做到极致,往往是获得成功最关键的因素之一。

创业早期,方毅就把"Hit the ground running"这句话贴在办公室的墙上。这句话现在翻译成"旗开得胜",但本意是脚一落地就赶紧跑。后来方毅在执行的时候又加了一句"Find the must win battle",这是他在美国麻省理工学院的创业生态系统课上学到的。"每个部门、每个人都有自己的'must win battle',要防止用战术上的勤奋掩盖战略上的懒惰。这两句话连在一起,引申意思就是要把握好关键方向,勤奋地去执行。"创业对于方毅来说,是永无止境的创新和成长。"上了战场,就有自己的角色。创业的变数永远是常态,但是这些变数是不会浪费的。在后面遇到更大的挑战的时候,原来的一些小挑战能够让你做得更好。"

谈及未来,方毅认为要永远拿出 20% 的时间去创新,"互联网是一个迭代相当快速的行业,做好当下的事情固然重要,但是勇于在未知的领域尝试和创新,是一个创业者更需要具备的能力"。

四、案例点评

随着当前社会经济的快速发展,创业者所面对的创业环境与市场环境都有了非常大的变化。特别是在当前的互联网领域,随着新技术、新业态与新需求的不断出现,很多细分领域都有着大量的创业机会,只要能够抓到一个哪怕很小的细节,用产品与服务提高人们的效率、改善人们的生活,或者仅仅满足一个小小的痛点，都有可能获得成功。这就需要不断积累企业自身能力，打磨自身产品，才得以在快速发展的互联网大潮中站稳脚跟。

本案例中无论是起初对于电话本备份产品的调整，还是奥运会期间对于金牌数量的推送，其实都是满足了人们一个小小的需求，但是给企业带来的发展机遇却十分巨大。在此基础上，不断升级产品，推陈出新，更是让每日互动能在互联网领域有更为广阔的应用空间。可以说每日互动今天的发展离不开创业者对产品的执着，每一个产品都是投入了百分百的精力细细打磨出来的。

案例二

顾莹樱：创业就是修行

一、概述

创业者

顾莹樱，女，1985 年 12 月生，浙江舟山人，2004 年考入浙江大学人文学院社会学专业，2008 年被保送至浙江大学公共管理学院读硕士，2010 年硕士毕业。现任上海有梦国际贸易有限公司创始人、董事长兼 CEO。2007—2010 年，作为联合创始人的顾莹樱创办杭州泛城科技有限公司，三年实现估值破亿元。这期间，顾莹樱带领团队成功开发了《魔力学堂》《梦幻之城》等热门游戏产品，也开创了国内 MMO 页游市场的新蓝海。2011 年，顾莹樱以天使投资人的身份活跃在创投行业，专注于互联网和移动互联网投资，先后投资了 E 都市、房途网、51 信用卡管家等移动互联网明星项目，其中 51 信用卡于 2018 年 7 月在香港上市，回报过百倍。2012—2016 年，顾莹樱创办穿衣助手。旗下产品穿衣助手是全国最大的搭配社区，短短四年时间就积累了 5000 万用户，获得数亿元的投资。2017 年起，顾莹樱创办 ICY 全球设计师平台。该平台在短短一年半时间实现销售额过亿元。几年来，平台为近

500 名设计师上新了 4000 余款产品，累计销售额近 4.5 亿元。项目获得复星锐正、36 氪以及 DK Design 等机构支持，合计吸引投资约 1.2 亿元，现估值约 5 亿元。

组织简介

作为全球设计师的"产品出版社"，ICY 致力于让好的设计遇见对的人，旨在为中国新一代独立女性提供展示个性的设计师品牌产品。

ICY 希望在时尚圈创建良性设计生态，把好设计变成好产品，通过数字化的柔性供应链系统，提供更具性价比的设计师产品；打通线上线下多元化的零售场景，将好产品变成好商品；通过 ICY 全球博主营销体系，让设计师产品被大众消费者所熟知。

自平台成立以来，已累计与 400+ 全球独立设计师开展合作，落地 4000+ 平价联名系列，并通过 2000+ 全球明星博主演绎，为 150 万 + 用户提供多元化的独立时装。2020 年，ICY 线下品牌体验空间店陆续开启，试图通过打造多设计师、多风格的"容器感"品牌空间，开创集零售、体验、交流、情感为一体的购物场景新体验。

二、创业历程

浙江大学，创业起航的真正起点

加入 ITP（浙江大学创新与创业管理强化班）前，顾莹樱以团队核心成员的身份参加了蒲公英创业大赛。从校赛、省赛再到国赛，一步一个脚印，最终团队取得了国家银奖的好成绩。蒲公英创业大赛可以说是顾莹樱在大学时代最难忘的经历，因为这使她真正体验了如何把一件事情做到极致，也让顾莹樱到现在都受益匪浅。

加入 ITP，可以说是顾莹樱创业道路上真正的起点。ITP 让顾莹樱感受到了这个集体独特的氛围，身边的同学往往在创业方面都有很好的经历，交流的经验是她在这个班级中获得的最宝贵的财富。"请务必比他人做得更好"，这个班训也一直激励着她。正是在这样的环境中，顾莹樱开始了自己的创业人生。

良好开端，初尝战果的首次创业

2007 年，还在大三的顾莹樱，作为 co-founder（共同创立者），和几个同学一起创立了杭州泛城科技有限公司。2008 年，团队原本计划做一款加入游戏元素、基于校园的社区产品，却在无意间偏离了这个原始的定位，做出了一款 2.5D 效果的大型网页游戏——魔力学堂。

当时的想法是希望通过 3D 连通所有学校，这样学生就可以随时上网听课、交流。但后来却发现，创业是需要妥协的，游戏的盈利模式已经足够成熟了，这种游戏和社交结合的方式没办法做到两方面的极致，因此竞争力不足。在这种情况下，团队决定砍掉社交，专做游戏。这款一度让业界惊艳的产品，曾引起巨人、完美等大公司极大的兴趣，更是让他们赚了两三亿元。

公司前期的发展出乎意料的顺利，然而对几个完全没有经验的大学生来说，顺利的背后就是一种考验。没有经验并不可怕，可怕的是团队并没有意识到这件事情。"当成功来临的时候，每个人都觉得自己很了不起，都觉得自己是天才。前面的路走得很顺，其实后面的路更难走，更加需要谨慎。"

回头看这段路，顾莹樱把创业成功的因素更多归结为"时势造英雄"。作为国内第一波进入 MMO（大型多人在线游戏）的开发公司，他们洞见了手游蓝海市场，开发的角色扮演游戏广受喜爱。成功后，很多创始成员选择各自单飞，没有一起继续走下去。顾莹樱认为，离开也是一个归零的过程，她也建议创业者在创业的不同阶段换血，要让合适的人留下，这是正常的新陈代谢过程。

归零重整，创业路上再次出发

十年前的中国，还停留在模式创新的阶段。对此，顾莹樱还算了解。但对世界另一端的那个创业偶像频出的美国，顾莹樱知之甚少，于是她决定去体验一下美国的创业文化。顾莹樱是一个做事果断的人。2010 年，25 岁的顾莹樱卖掉了自己在泛城科技的股份，毅然去了美国。拿着几千万元的第一桶金，顾莹樱选择了做投资。顾莹樱说："其实当时我的选择很少。首先，以我的状态是不能给别人打工的，而我之前的积累就是创业和投资。创业是对某个模式的深度研究，而投资则是对某个行业或者多个行业的研究。高速迭代之后，我想看到更广的东西，从而在商业大格局和事业上得到锻炼。"

2011 年，互联网界开始涌现各种全新的商业模式。顾莹樱研究生毕业后开始做天使投资人，专注于互联网，特别是移动互联网创业项目。凭借独到的投资眼光，"砸"中的 51 信用卡管家一举获得百倍收益。然而，在投资了几个好朋友的明星项目后，顾莹樱又回到了创业一线。很多人说创业者身上有独特的基因，这种基因让他们总是更倾向于选择创业这条不那么安稳的路。

对顾莹樱来说，投资是一辈子都能干的事情，甚至年纪越大，经验越足，准确率越高，可创业不是。"我不知道当我四五十岁的时候还有没有勇气再开创新事业。"投资人的视角更广，但创业能让人的商业逻辑更加扎实。同时，顾莹樱认为，投资会让有些人变得浮躁，对人性的贪婪和恐惧挑战很大，而自己在第一次创业成功后已经有些浮躁。她更喜欢除去"外套"直击事物的本质。因此，雾里看花的事情不适合她。所以，她放弃了专业投资，选择了再次创业。

一往无前，既然选择创业就只能向前

第二次创业，顾莹樱看准了移动互联网最后一波红利的来袭，移动时代和 PC 时代相比，用户体验层有了丰富的变化，给新的平台带来了很多的机会。在电商领域，"PC 端是搜索的入口，通过货架的模式展现，更加注重传递信息本身。相对 PC 的信息传输，手机端则是内容输入，购买是自然发生的结果，不是真正的目标"。顾莹樱看中了女性更注重体验花在手机上的时间的特质，将创业的大方向定在了女性时尚领域。

穿衣助手最早的灵感来源于自拍。顾莹樱自己便是一个喜爱自拍的女生，但是微博、微信的信息流形式以传播信息为主，而她更想要的是一个利于自拍图片沉积的社区。

社区成立之后，顾莹樱却发现自己之前的想象太过理想化，因为在当时的现实背景下，很难形成一个完全基于自拍的精神社区，人们对美女本身的兴趣往往超过美女的装扮。为此，团队将产品转型为服饰搭配的时尚社区，希望大家发搭配照，对彼此的穿着能聊得起来。可是结果仍然不乐观，留言评论也大多是"这衣服在哪买的"。怎么办？顾莹樱陷入了沉思。

再次转型后，穿衣助手演化成一个品质电商平台，以搭配切入，加以组合搭配的形式售卖服饰，客单价在 200 元左右，远超过行业多数服饰电商平台。当时穿衣助手的对手是已经做成大鳄的几家服装电商：蘑菇街、唯品会、美丽说。穿衣助手和它们的区别是什么，怎么走出自己的与众不同？

经过思考，顾莹樱认为单纯卖货没有价值，她独辟蹊径，把穿衣助手定位为"时尚内容聚合地"。穿衣助手提供的价值就是聚合高价值的时尚内容，占领用户的阅读场景，成为大家获取时尚内容的渠道，然后，把内容和购物打通，做到所见即所得。

精准的战略，使交易额疯狂增长。2015 年 6 月，穿衣助手已被估价近 10 亿元，而这距离初创仅仅过去了两年半。

"其实我们想要切入的是年轻的白领客户。对于年轻人来说，他们所需要的是流行和低价，而白领则追求个性、品位和品质。于是，穿衣助手在前端加大内容投入，把货品变成高阅读价值的内容，后端则注重品质。因为白领对商品及服务的品质要求很高，所以我们以平台出面，提供某种程度的 B2C 服务，希望从内容、服务、货品这些方面给白领用户有保障的购物环境。"

在消费升级的大环境下，购物并不是很多用户的目的，而是结果。只有内容吸引了用户，引发了用户购物的冲动，这个结果才能实现。这个过程被顾莹樱定义为"邂逅"。"现在整个女性电商都在洗牌。也许三年以后，现在的模式都会死亡，我们每天都很有危机意识；行业在变，竞争格局也在变，在死亡之前变化是唯一的生存之道。"

回顾从前，穿衣助手之所以能从一批女性电商中脱颖而出，在顾莹樱看来有两点：一是专注于做一个基于阅读的内容电商，专注于前端高价值的内容，专注于如何把服饰本身变成高价值的内容，通过时尚把两者连接起来。二是将自己定位为工具，聚集内容生产者，让用户产生自己的"个人杂志"。在购物层，选择和大的电商平台合作，而不是做一个完整的电商生态，以此区别于其他电商平台。

"以往人们总把电商当作购物，但其实比购物更高频的行为是阅读。在所有移动场景中，阅读是最重要的行为之一，而时尚内容是其中十分重要的品类。因此，平台可以通过内容打造有价值的阅读信息，占领用户阅读情景；或通过内容打造品牌个性与内涵，与消费者长期沟通，建立品牌忠诚度；或通过内容引发冲动，让购物成为结果而非目的。"另一点是直接把供应链做深，深度切入。穿衣助手掌握了很多国外设计师的供应链，能为用户提供独一无二的设计，这也使其在很大程度上区别于其他女性电商。

扎根行业，价值创造的迭代重生

2017 年下半年，穿衣助手的整体业绩和数据出现明显下滑，而经历了多次转型和迭代的穿衣助手无法控制市场的变化。在中国天猫独大的环境下，给独立垂直电商的时间仅仅两年，要在这期间成功的概率极其微小，而当时团队的不成熟也导致了对竞争环境的过于乐观。对商业机会窗口期的判断失误，让穿衣助手一度陷入危机。此时的顾莹樱遇到了创业以来最大的挑战，年少成名，投资项目成功，一路走来在外人眼中"顺风顺水"的她，也不可避免处在了"膨胀期"。对自我认知的过高估计让顾莹樱忽略了运气的成分，而穿衣助手面临的危机使得此时的她产生了对自我的否定和极度的恐慌，那些压抑许久的情绪爆发了。但是，一个经历过大风大浪的连续创业者，外界对她的评价是"比男生更果决"，顾莹樱快速调整，复盘过去，思考未来，孵化了 ICY 全球设计师平台。

执着于心，视野与理念的笃实践行

在顾莹樱的认知世界里，极速成功未必是件好事，它会使得人生的选择面缩小，会带来极大的心理压力，也会把人引向对未来的极度恐惧。作为一个连续创业者，顾莹樱永远保持着创业者的高度警觉，为了防止自己"飘飘然"，她会督促自己做两件事：一是复盘过去，找到除运气之外的成功要素；二是寻找未来，寻找能重新激动起来的事。"我所理解的创业，就是一个提出假设并验证的过程。创业者首先需要知道世界是怎样的，要知道自己的工作是满足世界的需求，而不是让客观条件去满足自己。"ICY全球设计师平台正是她在这种理念下打造出的创业产品，这次她想做的是"扎根行业，为行业创造价值"。

因此，ICY成立之初就定位在集产品供应链、渠道销售和品牌推广为一体的产业赋能平台，希望通过中国供应链的优势和广阔的市场来支持全球的设计师。顾莹樱在做穿衣助手时就发现，近年来在时尚领域，独立设计师品牌很受年轻消费者的喜欢，但他们很难跑通产品供应链、销售渠道和用户触达等规模效应明显的复杂环节。为了帮助独立设计师解决从好设计到好产品、从好产品到好商品的痛点，ICY平台通过和设计师品牌联名合作，让独立设计师能专注设计，ICY负责打造产品，并通过数据化的柔性供应链，降低产品成本，让设计师产品价格更能被年轻消费者接受，更具备商业价值。一般来说，设计师品牌服装均价在

3000~6000 元，而 ICY 和设计师联名合作的产品价格在 500~3000
元，普通消费者也承受得起。

"ICY 希望做全球设计师的'服装出版社'，设计师提供单
件样衣及设计版权，平台在采用其设计后，会以销售分成的合作
方式来与设计师结算。整个模式类似于出版商和作家，销量越高，
版权费也就越高。"顾莹樱表示，ICY 全球设计师平台尤其看重
设计师的原创版权，为了维护每一位设计师的版权，平台为设计
师开启了维权特别通道。如果发现任何侵权问题，可以第一时间
与平台取得联系，平台将通过专业法务团队提供帮助。

ICY 还自研了两个数据系统：智能买手系统和智能补货系统。
顾莹樱笑称："虽然我们处在服装领域，但其实 ICY 更像一家时
尚数据公司，通过销售数据做供给资源的配置，连接好的设计和
消费者。"其中智能买手系统是通过收集海量数据来确定时尚流
行的整体维度，为每件衣服打上标签，并对流行度进行评估，从
而辅助 ICY 买手团队选择产品；智能补货系统则在产品上架 7~14
天后，综合销量等数据生成曲线，再模拟出售卖季的整体销量，
根据现有库存、制作周期决定合理的进仓速度。目前 ICY 已与全
国几十家工厂建立合作，可小批多次补货，15~20 天完成生产。

为聚合更多流量，ICY 打造了全球博主生态体系，由明星、
时尚媒体和时尚博主构成。目前，ICY 使用博主选款系统，与微博、
微信、抖音、小红书等各大主流社交平台的 2000+ 位时尚博主建
立长期战略合作。通过博主演绎，赋予设计师时装鲜活个性和日

常场景化，形成时尚行业有影响力的"爆款制造机"，并辐射亿万大众消费者。

顾莹樱认为，今天的流量越来越分散，而流量的背后是每一位消费者的注意力和真实需求。我们的用户群体是中国新一代独立女性，她们的特征是什么？过去的"白领"一词已经无法精准定位，我们选取了独立、自信和欲望三个关键词描述用户，最后创造出"进击的新职人"的用户精准画像。同时，把平台定位为"职场的助力和陪伴"，为消费者提供"每天穿什么"的决策，让她们通过服装表达情绪和生活态度。

实现近亿元销售额，ICY 仅用了一年多的时间。2018 年，ICY 获得复星投资集团和 36 氪集团近亿元投资，并在 2019 年 4 月完成了千万元级 B 轮融资，发展速度之快令行业瞩目。

创业是一种修行方式

顾莹樱认为，创业是一种修行方式。在经历过成功与失败的起起落落后，她依然坚定地选择走创业这条在所有人看来非常艰苦的路。在顾莹樱看来，创业是痛并快乐着的过程，而更多的是享受创业的快乐。

正是因为她不断突破自我，ICY 全球设计师平台在过去的三年里创造了许多行业里程碑式的品牌活动，也一步步让 ICY 品牌力更上一层楼。

顾莹樱认为，"时尚设计是文化很好的承载，东方美学是我们设计土壤的基础，衣物是更为广泛的表达方式。若能利用故宫的美学元素将服饰呈现给大众，那就是很好的推广。抽象的美学运用具象的表达方式，ICY 与故宫合作的'吉服回潮'的传统服饰文化复兴行动，在社会各界引起极高话题热度，也引发业界对设计师产业模式的热烈讨论。第一波信息发布后，各平台还掀起了自发的二次传播，200 余篇公众号微信文章自发讨论和转载'吉服回潮'主题文章，类型涵盖营销、广告、设计等。值得关注的是，中央电视台英文频道 CGTV 和上海新闻都对此次合作进行了报道，这对于如今以新媒体为主战场的营销活动而言较为罕见，特别是 CGTV 的报道将'吉服文化'传播至海外受众。故宫宫廷文化与 ICY 的创新跨界合作突破了时尚行业传统的工作模式，这也主要得益于 ICY 独特的背景和商业模式。此次合作也打响了 ICY 在设计师领域和时尚圈的品牌知名度"。即使在全球受新冠肺炎疫情严重影响的 2020 年，顾莹樱带领的 ICY 也没有停下前进的脚步。2020 年 4 月 15—22 日，ICY 联合三位中国独立设计师 XUZHI、ANDREAJIAPEILI、RODERICWONG，以"PARALLELREALITY·平行现实共创未知"为主题，打造了一场具有临场感、沉浸式、全民性的数字时装周。这场数字时装周并不是简单地将秀场从线下搬到线上，而是利用 CG 实景叙事化表达呈现服装，探索不同于 runway 的时装表现方式，通过打造媒体场、公众场的不同体验方式，打破传统时尚媒体、时尚博主、明星看秀的特权，突破时间、空间、地域、圈层和渠道的限制。

此次尝试收获了很多时装人、零售人的认可，在业界引起了广泛的关注，反响热烈。ICY 就是如此，永远保持着创新精神去探索"无人区"。"我们内部把这次'数字时装周'视为一次实验性的冒险之旅。"顾莹樱这样说。

2020 年下半年，ICY 更是快速在上海人民广场来福士商场和环贸 iapm 商场开设 ICY 线下空间，以"绿洲"和"绿洲实验室"为主题，联合众多知名设计师，共同探索新生，并通过 ICY 博主营销体系在小红书、大众点评等社交媒体上引起风潮。

顾莹樱表示，ICY 线下空间首先是一个品牌体验空间，其次才是一个产品零售场。"容器感"是 ICY 线下空间的特色，每件衣服都是容器中的主角，每种风格都拥有独特的展示舞台。

在强劲的线上零售基础上，ICY 的线下布局是一个开放的窗口，为线上用户提供了多元的时尚体验环境，同样吸引线下消费者转化为忠诚的线上消费群，实现线上线下用户共享，形成有利的闭环，让每一次触达都努力促成交易。

未来三年，ICY 全球设计师平台计划主体经营 100 家以一线及新一线城市为据点的空间，联合运营 200 家主要辐射二、三线城市的空间，大力布局线下空间，完善新零售策略。主体运营空间致力成为城市地标性设计文化打卡点，共享线上线下用户，全面打通零售渠道；而联合运营空间致力于成为品牌文化体验馆，提供线上私域服务，全面打通地区零售体系。

三、创业小结

创业多年，有过年少成名时的辉煌，有过资本追逐时的骄傲，有过再次创业时的坚毅，有过项目困境时的落寞。但对于一个成熟的创业者来说，每次创业都会经历在黑暗中奔跑的过程，从恐惧到绝望，是所有伟大的必经之路。"创业让我一次次审视自己的人性，在与自己对话的过程中不断地打破重塑。正因如此，创业让我收获了更好的自己，创业就是我人生最好的修行。"

四、案例点评

一名优秀的创业者其自身总是有着许多非常明显的心理特质。这种特质有的是与生俱来的，也有的是伴随着个人的成长在后天的学习与经历中培养出来的。培养与锻炼的过程就是一场艰难的人生修炼。在创新方面，创业者始终应具有一种非常执着的创新精神，这能让创业者无论是在学习期间还是在走向社会进入投资、创业领域，都能勇敢地去接受新的挑战。在导向方面，创业者始终要明确自己的目标。如顾莹樱在魔力学堂中砍掉鸡肋的功能，而保留具有核心竞争力的功能；又如在创办 ICY 的过程中，她更是在一开始就明确了"做全球设计师的'服装出版社'"这样一个定位。在创业过程中，创业者始终要清醒地对市场、风险与机遇有清晰的认识，具有独立的判断与独到的眼光。作为一名始终走在创业路上的成功者，顾莹樱是一位非常善于掌握命运、勇于掌握命运的人。顾莹樱把未知的环境与困难看作机会而不是威胁，并从中去努力寻找自己的道路。顾莹樱具有极强的冒险精神，具有拒绝安稳和平淡的个性，同时对风险也具有更多的包容性。

案例三

李鑫：始乎无端，止乎无穷

一、概述

创业者

李鑫，1984 年 7 月出生，河南郑州人，2006 年毕业于浙江大学计算机科学与技术专业，现任浙江无端科技股份有限公司董事长兼首席执行官。曾创立杭州海爪软件科技有限公司，从事 3D 虚拟社区业务。2008 年参与出版著作《三维游戏引擎设计与实现》，为数字媒体类相关专业提供了教科书，也为游戏设计爱好者提供了一本实用的工具书和参考书。他还是多款网页游戏和手机游戏制作人。

2017 年获评天府奖年度影响力人物，2020 年获评杭州市"市级领军人才"。

组织简介

浙江无端科技股份有限公司（以下简称"无端科技"）成立于 2010 年 1 月，是一家专业从事网络游戏研发及商业化运营的软件公司。公司注重研发实力，强调发行能力，是业界领先的综合性游戏公司。游戏产品的自主研发是无端科技的核心业务，包括网页游戏、移动游戏、客户端游戏的开发。公司研发并上线运营的游戏有《飘渺西游》《捕鱼大亨》《逆天诀》《东风破》《生死狙击》等。通过在自主研发方面的多年深耕，公司的技术研发实力不断增强，储备了多项核心技术，尤其擅长基于 3D 引擎技术的游戏开发，是中国顶尖的射击游戏研发商。在商业模式上，公司以自主运营平台为基础，以授权联运为核心，在境内授权运营并开拓海外市场；以多家联合运营商为触角，充分发挥各联合运营商的运营经验和用户优势，最终实现多方共赢。同时，公司具有丰富的运营经验，与众多联合运营平台和媒体推广公司保持良好的合作关系，拥有丰富的游戏发行和运营渠道。

截至目前，公司在科研方面取得的成果有：专利技术 3 项，软件著作权 66 项。获得的主要荣誉有：西湖区信息技术百强企业、杭州市准独角兽企业、杭州市服务贸易示范企业、无端游戏市级企业高新技术研究开发中心、浙江省重点文化出口企业、次时代游戏省级高新技术企业研究开发中心与国家高新技术企业。

二、创业历程

谈到李鑫的创业历程，就必须说起他与游戏解不开的缘分。

玩就对了

李鑫从小就非常喜欢游戏，四五岁就偷跑到街机厅，看其他小朋友玩游戏。上了小学以后，他得到一部红白机，寒暑假和其他空余时间大多都在玩游戏，什么类型的游戏都玩。小学六年级，他得到一部具有编程功能的小霸王学习机，根据附带的教程自学了 Visual Basic 编程语言，写了第一个简陋的小游戏，让"超级玛丽"拿起了枪。他当时就对游戏开发产生了浓厚的兴趣，从此一发不可收。这之后，他陆陆续续写了很多小游戏、小软件，还帮母亲写了一个财务管理软件。高中起开始接触电脑，更加广泛地涉猎各类游戏，《仙剑奇侠传》《星际争霸》《红色警戒》等等，接触过几百款游戏。在玩游戏的同时，他也利用各种游戏修改软件，对游戏进行改编。为了做出更专业的游戏，李鑫在填报大学志愿时，毫不犹豫地选择了计算机系。

谁说在校生不行

李鑫从大二开始加入浙江大学的图形图像处理实验室，并参与上海盛大网络发展有限公司的游戏外包工作，帮助盛大把 PC 游戏迁移到机顶盒上。这是他第一次接触商业化游戏开发。这次经历给了他很大的信心，工作的速度和质量都得到了盛大公司的高度肯定，原来做游戏的商业公司的工作内容是他触手可及的，并没有想象得那么高大上。大学期间，他还为校团委制作、维护平台网站，并负责维护学校论坛。浙江大学给予学生充足的个人时间，提供大量的校内机会，引导、鼓励学生承接校内外各种项目，鼓励创新创业，营造了自由的创业氛围，这帮助李鑫积累了很多项目经验。

七人梦之队的成立

毕业即创业，李鑫承接了大量的游戏外包工作，不断增加项目积累。2009 年冬天，在杭州南山路的星巴克，他和几个合伙人在一杯咖啡下肚之后，决定正式创办一家游戏公司。几周后在一家湘菜馆，他们把包厢的白色桌布固定在墙上，把 PPT 投影在上面，首次把关于梦想的美好憧憬具象化成一个个细节、一步步行动。餐桌上聚集了几个校友和创业初期结识的小伙伴，"确认过眼神，感觉是对的人"，于是七人梦之队宣告成立。在天使投资人的支持下，2010 年 1 月 17 日，无端科技正式成立。

永远不要忘了自己第一天的梦想

公司成立第一年，2D 角色扮演类网页游戏《飘渺西游》诞生，成了当年美术领先的新游。大家虽然拼尽全力，但由于公司刚成立，名气和影响力不足，游戏成长还需要时间，新游戏上线的流水无法支撑公司支出，第一年年末公司的现金流就遇到困难，资金链几近断裂。年会上大家喝多了，70 多个人抱头痛哭，惨烈无比。记得李鑫当时说，大家都别哭了，擦干眼泪，迎接 2011。幸得天使投资人的信任，二话不说借给公司一笔钱，解了燃眉之急。2011—2012年，《逆天诀》《东风破》《神魔录》《捕鱼大亨》等游戏陆续上线运营，营业收入增加的同时，公司员工规模的扩展也带来了成本的剧增。为生存而战，团队经受过各种暴击，字典里从来没有"放弃"二字。不断尝试，不断创新，游戏产品日趋成熟，最终公司收益增长，渡过了危机。

无端的理念是要打造"打动人心、不可替代、充满惊喜、物超所值"的游戏体验。秉承这一理念，2012年，他们决定在游戏品类上做出大胆创新，投入网页3D射击游戏研发，这跟过去的2D游戏完全不同。无端是行业内第一批尝试制作3D页游的游戏公司，当时市面上没有成功的网页3D射击游戏，研发挑战大、周期长、技术难、风险高。但由于梦之队对射击游戏的热爱，且射击游戏符合公司制作长生命周期游戏的战略布局，他们毅然决然地立项、投入研发。经过近2年的奋斗，最终在2013年10月成功研发出高品质、流畅的网页3D射击游戏《生死狙击》。《生死狙击》在网页上实现了完美的3D体验，游戏上线后，玩家惊叹于他们的技术，《生死狙击》成为全球玩家数量最高的网页3D射击游戏，累计注册用户超过5亿，月活跃户破3000万，同时在线最高超过70万，月流水跨入亿元俱乐部。直到现在，《生死狙击》还是炙手可热的网页游戏。

2015年，无端启动了移动端战略，《生死狙击》手游立项，并于2016年底正式商业化运营。虽然他们的移动战略启动得比较晚，市面上已经有《穿越火线》《全民枪战》等强有力的竞品，但《生死狙击》仍然成功超越了《全民枪战》等产品，达成游戏上线三天新增用户300万的成就，成为射击手游排名第二的游戏，并在上线后保持收入逐年增长。

挑战全球一流的射击游戏品质

在网页游戏和移动端游戏都有所成后，他们渐渐将目光转向PC端更高品质的游戏。当时国内还没有一款一流品质的射击游戏，这样的游戏研发难度很高，需要投入非常大的成本，成功率很低。但是李鑫认为，要成为全球一流的射击游戏厂商，不仅需要足够数量的玩家支持，更需要创造出一流的品质。所以2017年，无端立项制作《生死狙击2》。梦想很丰满，现实很骨感，对品质的追求使他们在技术和美术方面都遇到巨大困难。《生死狙击2》经过多次测试，获得的反馈一次比一次好，行业认可度不断上升，吸引了更多的优秀人才加入公司，胜利的曙光照亮了他们前行的路。

始乎无端，止乎无穷

未来李鑫希望无端科技能成为全球一流的射击游戏研发和发行厂商，不仅能独立自主地研发全球一流品质的射击游戏，还能组建全球化的发行团队，独立发行自研的游戏。

无端的战略是要打穿射击游戏品类，从最便捷的H5游戏，到最高品质的端游和主机游戏。若将公司业务比作金字塔，H5 游戏则为下层沉淀，研发周期短，目标应达到数百万 DAU（daily active user，日活跃用户数），能为公司带来快速现金流，并极大程度地渗透射击游戏用户群，积累庞大的用户量。网页游戏、移动端游戏等为公司中层业务，是公司发展的中坚力量，定位在主流商业市场。这些游戏寻求品质、创新、用户量、商业化的平衡和统一，适应大部分设备，在收获较好的商业化结果的同时，创建忠实的用户群体，扩大、加深公司在行业内的影响力。高品质端游作为金字塔顶层业务，追求研发能力的不断精进和深化，追求全球一流品质，打造自己的 IP，提升品牌口碑。未来公司的新立项产品，将有更精准的定位，会更多地聚集在中层和上层业务。

在创业过程中，李鑫和他的团队更加充分地感悟到了游戏的精神。在游戏中，他们勇于探索，尝试新游戏、新地图、新玩法，全情投入，抓紧一切空闲时间体验游戏。他们也尊重规则，追求完成更多任务、击中更多敌人，最终获得战场上的胜利。在创业中，他们勇于探索，尝试不同品类的游戏和玩法，找到适合他们并受玩家欢迎的研发方向。他们全情投入，工作即生活，与事业共同成长。他们尊重规则，追求产品品质、用户量、企业效益等，努力实现企业目标。他们的创业精神与游戏精神高度统一，每一位员工都把游戏精神带到工作中来，创造出更多可能，真正做到"始乎无端，止乎无穷"。

坚持打造长生命周期游戏

有些游戏公司定位在小游戏，快速研发便捷、相对不复杂的游戏，快速上线，快速收回研发投入，并有所收益。但这些游戏往往存活期短，只能依靠新鲜感，而没有足够的游戏内容吸引玩家长时间停留。一旦玩家失去新鲜感，转战其他小游戏，他们就只能重新研发新的游戏。这种战略固然有一定的好处——快速的现金流、多种类型的研发技能、灵活多变的创意创新，这些都能让企业保持一定的活力——但坚持打造长生命周期游戏才是无端科技的战略，他们坚信，打造"打动人心、不可替代、充满惊喜、物超所值"的游戏体验，必定要通过长生命周期的游戏来实现。开端做过许多探索和尝试，从回合制游戏转战休闲竞技游戏，而在休闲竞技游戏中，他们尝试过赛车、捕鱼等类型，最终聚焦射击游戏，并进一步将定位精准到高品质 3D 射击。无端科技致力于打造一个属于自己的 IP，从 H5 到页游到手游再到端游，打穿射击游戏品类，积累庞大的用户量，并不断挑战更高品质。无端科技的游戏通过迭代等方式，持续推出创新玩法，虽然是同一款游戏，但能经久不衰，以丰富的游戏内容留住玩家。无端科技能够覆盖几乎所有的游戏场景，不论是居家还是外出，都可以为射击游戏玩家提供便捷的参与游戏的途径。李鑫一直认为，团队的价值大于游戏产品的价值，而 IP 的价值更大于团队的价值。如今《生死狙击》已经具有一定知名度，他们会继续加强 IP 打造，造就一个能够陪伴用户成长的优秀 IP。

三、创业小结

从企业战略到用户需求，全局考虑

公司成立以来，从 2D 到 3D，从无端到有端，他们坚持创新，不断挑战自己。无端做到了每一位员工都是玩家，每一位员工也都最懂玩家，从源头即研发游戏的初始，就充分考虑玩家诉求，做出更契合玩家心意的游戏；后期服务中，也更加能够将心比心，理解玩家建议，做出妥善的处理和改进。

在战略路径上，无端科技找到了切入点，在确定射击游戏方向以后，凭借网页游戏的 3D 创新，从当时受众最广的竞品韩国游戏《穿越火线》手中抢夺用户，使《生死狙击》达到 2000 万 ~ 3000 万 DAU，并扛住了竞品研发商端游、微端等各种竞争。进入射击游戏市场后，无端科技慢慢往上走，往移动端走，往 PC 端走，走出了一条属于他们自己的路。

从合伙人到员工，通力协作

在创业团队上，无端幸运地遇到了很好的投资人，给予他们十分的信任，支持、鼓励他们，慷慨解囊，帮助公司渡过难关；无端也不负所望，打出了品牌，打响了无端科技的名声。无端的梦之队确实是对的人的组合，大家志同道合，分工明确，虽然有过争吵，有过想要放弃的念头，但还是一直坚持互相扶持，在各自负责的领域深耕，并达成融合和统一。

2018 年，无端科技开始推行员工持股计划，对员工进行股份激励。目前，公司已有 16 位合伙人，分布在公司各个部门和项目组。公司将持续推进员工持股计划，将"公司是大家的"理念落到实处，以增强团队凝聚力，为员工提供更好的回报。

从校园到社会，难忘母校

浙江大学的校园经历也着实帮助李鑫良多。浙江大学为学生创造了宽松的创业环境，老师会鼓励、引导、带领学生参与商业化项目。学生在锻炼专业能力的同时，统筹学习企业管理等多方面知识，这里为有创业梦想的年轻人创造了机会、提供了平台。

四、案例点评

从 2D 游戏到 3D 游戏，从网页游戏到手机游戏再到端游，不难看出李鑫对游戏的热爱，对产品的一贯坚持与细心打磨，更有着对市场的深入观察与对机会的识别把握。

在本案例中，我们看到创业机会首先来源于对趋势的观察与认识。从 2D 游戏到 3D 游戏的迅速转变，以至成为第一批做 3D 网页游戏的公司，其中包含了创业者对社会趋势、技术趋势、消费趋势乃至经济趋势的观察。在识别过程中如何区分趋势与时尚，并且理解趋势背后的关联，是正确识别机会的重要因素。创业机会的第二个来源就是市场的空隙。许多新产品、新技术的出现是因为消费者有着相应的需求，但是在市场上却找不到合格的产品。许多实力雄厚的人公司，为了商业竞争与成本控制，往往会留下很多市场空隙，这就给了创业公司一定的发展机会。无端科技公司也是找到了市场上"高品质射击游戏"这样一个空隙，并以此为切入点进入 3D 网页游戏，站稳脚跟，再随着市场的发展与自身的壮大，找准时机进入手游与端游。

不管是利用环境趋势，还是利用市场空隙，本质都是寻找消费者未被满足的需求，通过对问题的解决来创造价值。创业中，只有积极主动地去发现问题，才能发现好的创业机会。

案例四

向昶宇：向着目标活下去

一、概述

创业者

向昶宇，木链科技创始人、CEO。浙江大学计算机科学与技术专业本科，清华大学 MBA 在读。现任浙大校友会科创校友分会创会理事、杭州浙江大学校友会计算机与软件学院分会副会长。

2019 年入选福布斯中国 U30 榜单及胡润 Under 30s 创业领袖。技术出身的连续创业者，融资数千万元，主导研发的产品营收过亿元。对工业互联网安全行业有卓越的研究，作为最年轻的信创安全工委会专家，参与国家网络安全技术战略规划。2012 年就读浙江大学计算机专业，大二开始创业，曾任多家公司联合创始人，带队开发工具 APP 等互联网领域产品。

2017 年初，创办木链科技。公司面向工业互联网，专注于工控安全产品开发、技术研究，为客户提供产品定制及全业务流程的安全服务，已打造军工、烟草、电力能源、轨道交通、智能制造等多个行业整体解决方案。

企业简介

木链科技于2017年创办,目前发展趋势良好,团队规模200人,其中70%是技术人员。核心技术研发团队——星期五实验室,更是来自国际知名、国内领先的黑客战队——浙江大学AAA战队(三A战队)。团队在比赛上屡创佳绩,先后获得了2019"互联网+"金奖、浙大校友创业大赛冠军、最可能改变未来企业奖、2018工业信息安全技能大赛华东区冠军等殊荣。

公司也得到了资本市场的认可,顺利融资了三轮,获得了陈纯院士的天使轮融资和多家浙大系资本的支持。木链科技坚持"技术驱动,数据赋能",拥有31项软件著作权登记和9项发明专利,具有行业内国际管理体系认证(ISO)和中国网络安全审查技术与认证中心认证的相关资质。先后承接国家电科院审计研发项目,成为中核集团工控安全方向唯一合格的供应商,为各机构提供工业信息安全技术支撑服务。同时获得软件能力成熟度集成模型CMMI3、军工集团合格供应商、国家信息安全漏洞库技术支撑单位等资格,现已承担工信部、国电投、中国电子、中船集团、国家电网等重要部委、央企的安全建设工作。

二、创业历程

认识本心，坚定地选择创业

向昶宇在浙大计算机专业就读时，研究方向为蜜罐安全。当时他看到了很多国际大停电等安全事件，抱着守护国家安全的初心，笃定了工业互联网安全的创业方向。2016 年，快大学毕业的时候，向昶宇面临着矛盾的选择，自己最想要的是什么？他特别享受把自己的一些目标、想法一步一步验证的过程。

一毕业就选择创业，他主要有两个考虑。一是创业不是他的唯一选择，但在他当时的想法中，这很可能是他最终的选择。如果这可能是他的最终选择，为什么不现在做？而且他并不认为在大公司历练几年后再创业就有巨大的优势。大公司带来的成就感一部分来源于整个组织的赋能，有人会把这种赋能和光环误认为是自己的能力。二是过去更多地考验创业者的胆量及对资源的敏感度，但当今时代更多的是靠技术革新的能力。要找到具体的切口，针对痛点，用新技术解决问题。因此，向昶宇选择了一毕业就创业，成立了木链科技，并定下了公司的使命——让中国工业信息化技术引领世界。

从内至外，完成角色转变

向昶宇花了很多精力搭建木链这支团队，因为工控安全是自动化和信息安全交叉的学科。向昶宇有信息安全的学科背景，可以很快组建一支非常优秀的攻防战队，当他们往工业自动化、工控安全方面推进的时候，由于缺乏对自动化底层业务逻辑的理解，也遇到了很多困扰。向昶宇需要从技术从业者转型为市场开拓者。

在成立木链之前向昶宇有过两段联合创业的经历，一直是CTO的角色。但若技术思维者对运营、销售思维模型都不熟悉，会直接影响决策和建议的落实，所以他决定自己来做销售。于是开始一个一个跑客户，到处找销售行业的前辈、同行聊，取取经、把把脉。很多事情要自己去试水，找个教练在陆地上天天教游泳是没有用的。于是，从To C行业跨界到To B行业，从CTO到CEO，向昶宇带领营销团队开疆辟土，在军工、电力能源、石油化工、烟草、轨道交通等行业树立多个标杆项目。

从管理角度，方法论可以用一个词来归结——尊重。向昶宇与别人交流的时候，别人能感受到这份真诚和尊重。对于创业公司来说，如果只拿钱或者股权来笼络人，员工会因为钱来，也会因为钱走。向昶宇一直觉得，领导者能站在高位上，不是因为更聪明，而是搜集的信息更多。所以在做判断的时候，要相信专业的人。当然，遇到讨论没有结果的情况，就需要领导者自己来做决策。但到现在为止，向昶宇还没有动用过一票否决这样的权力，因为他充分信任并且尊重他的团队。向昶宇认为优秀的一把手应该像知人善任的刘邦，而不是刚愎自用的项羽。把团队整合好，平衡股东、董事和员工之间的关系，才是CEO的主要工作。

理性审视，眼光一定要长远

向昶宇当初创业的时候，就不只是想单纯地做工控安全。他们最开始对标的是 IBM，逻辑就是把住一个大客户，做全方位的技术服务。To B 行业怎么做到用户第一？向昶宇希望木链今后的发展路径，是从工控安全切入，辐射工业互联网全产业链。他希望他们的客户具有高度黏性，只要找到木链公司，在工业信息化大领域的问题基本都能解决。向昶宇认为，行业在技术积累上还处于偏早期状态，工控安全领域其实有很多基础的东西需要积累，木链也一直从底层、最基础的一些工作做起。这个阶段，需要把基础的技术工具和组件装配齐全，下一步才是结合具体行业场景解决问题。

木链希望成为行业的一个技术提供方，共同推进工控安全行业的发展。创业非常辛苦，但不是难在服务大客户过程中遇到的问题，真正的苦在细碎的技术环节，这些活没人想做，也没人愿意去做。但如果肯花 5 年、10 年时间，一点一点地去理清理顺，今后技术爆发的力量是非常可怕的。年轻人容易"左跳右跳"，因为有很多机会和风口，关键在于耐着性子，真正从底层塑造自己，厚积薄发。向昶宇一直坚信工业数字化是人类进步的下一个重要阶段，从业者不应该着眼于眼下的风口和政策红利，应该聚焦技术落地，完善解决方案。

三、创业小结

从高中开始，向昶宇就是一个目标感很强的人，高一为自己制定的高考目标为 677 分，而高考成绩为 680 分（满分 750 分）。在整个学习生涯中，他每年都会写 10~20 个可落地执行的目标。做好自己的事业一定需要高度的自律和对应的努力，高中养成的不达目的誓不罢休的精神至今还在鼓舞他。他用一些项目清单式的工具来管理自己每天的工作计划，并坚持查阅完成度，这个习惯保持了十多年。

如果一定要说他有什么超出常人之处，在计划和执行能力上还是能体现出来的。创业之后的他天天在想，公司要做到什么规模，工业互联网怎么落地，这个路径怎么实现，然后一步一步分解目标。向昶宇认为今后工业互联网如果真的要落地，第一点是直击痛点。不能拿着榔头到处找钉子，而应该先找到应用，发现实际存在的问题。未来行业内一定会有一家公司，找到工业真正痛点的应用场景，很多公司都采用它的解决方案，久而久之成为工业互联网的主流平台。

团队在朝一个目标迈进的过程中，磨练出了某些经验或者锻炼出了某些特质，这些都会为向昶宇完成伟大的目标奠定基础。在工控安全行业中，他们团队前期是很少发声的。因为公司在早期打磨技术产品的时候，如果拿销售套路来做，行业就乱了。从创业第一天开始，他的态度就是这样，让子弹先飞一会儿。在公司规模小于 500 人的时候，向昶宇会参与每个人的终面，这就能保证招进来的员工在各自的领域都有独特之处。向昶宇觉得按年龄标签去区隔创业者有一定的道理，毕竟每个年代的创业者都有独特的成长环境，身上刻着时代的烙印。但是，创业成功本身是小概率事件，创业成功者的品质往往具有相似性。在他眼中，成功的 90 后创业者一样有着坚毅、沉稳的品质，因此才能率领团队打下一片天地，不会被困难轻易打倒。在实际创业中，他接触到的前辈们对 90 后非常鼓励且包容，乐于分享自己的经验和资源。创业本质上是一种寄托和传承。

创业之初，找人、找钱、找方向

创业初期向昶宇做了三件事，找人、找钱和找方向。

一是找人。向昶宇认为找人部分最重要的是搭建管理团队班子。作为浙大计算机毕业的学生，他有两次创业经历，对早期技术团队的招募和筛选有一定的判断能力，最引以为豪的技术班子因此得以搭建。因为他们做的项目方向是 To B 和 To C 的类型，所以对优秀的解决方案输出能力相当看重，向昶宇用了半年的时间找到一位浙大中控前解决方案专家加入公司任产品合伙人。作为技术转型的 CEO，向昶宇最大的短板还是在市场和销售方向，所以他从浪潮集团挖了一名产品营销专家作为公司市场负责人，在他们共同的努力下，终于把公司的销售体系和市场做了起来。

除了搭建团队之外，还需要花些时间平衡各种关系，CEO 的核心竞争力之一在于团队关系的平衡。公司需要平衡内部团队的利益诉求，平衡董事之间的利益诉求，平衡股东成员之间的利益诉求等。

二是找钱。向昶宇认为传统意义的找钱指找投资人，但这是不完全的，找钱的最终目的其实是让整个资产实体的现金流健康，那么只要达到这样的目的都是找钱的范畴。股权融资、债权融资、加大收入等都是好的策略。公司刚成立时，想债权融资会比较难，所以他认为作为 CEO 要给公司带来足够的订单量，为公司持续造血。

三是找方向。公司如果想持续地成长，很重要的一点是连续性增长，在合适的节点和一定的公司资源储备下做好成长，为下一阶段公司的发展做准备。对于战略的思考绝对不是务虚的，木链科技的使命是让中国工业信息化技术引领世界。为了实现这个大方向的使命，非常需要远景战略规划。目前他们从工控安全细分领域切入，是为了从工业互联网的源头保证整个系统的安全可靠。在安全可靠的基础之上的工业信息化，才是完备可靠的工业信息化，他们一直在努力向着这个方向迈进。木链科技是 2017 年 2 月成立的，当天向昶宇去找一位朋友介绍的投资人聊项目。PPT 刚讲了第一页，投资人就问他：为什么不先去大公司干几年再出来创业？他当时有点受打击，那一天他开始感受到所有的压力、痛苦都要默默去承担。

看准未来，活下去、变革、引领

工业数字化早期的主体一定是大型集团，随着关键技术的突破、适用性的不断完善和成本的下降，占据中国工业绝大多数的中小企业才成为工业变革的转型主体。向昶宇认为，工控安全是未来工业互联网的第一道门，是整个工业互联网的底层，而不是一个可有可无的技术。浙江有深厚的传统制造基础，在数字浙江的背景下，如果没有搭建企业工控安全建设，会埋下潜在的威胁。工控安全行业是绝对的高新技术行业，对于协议分析和二进制逆向等技术有着非常深的依赖。

对于向昶宇和木链科技来说，结合最新流式大数据分析的工控安全防御体系是可以颠覆传统白名单式防御体系的技术框架。传统工控安全的思路是首先制订相关的白名单策略，通过过滤已知威胁的组成形式来防御相关的攻击行为。而新思路是用全网络流的微量流量异常波动，来感知并检测可能存在的 APT 式攻击，并通过大数据分析的手段来判定攻击可能的脚本类型以及对威胁的全路径进行分析告警。木链科技分析了过去 10 年工控系统安全技术进度，在流式大数据实时分析计算真正变得可行后，通过实践并加以验证，最终推出了工控安全新体系下的全套产品。在核工业、电力、烟草等行业与客户进行深度合作并测试通过后，他们认定这是一个科技进步并最终商业化的成功典型，目前很多集成商和友商在 OEM 他们的产品并再一次扩大整个市场，让他们的产品应用于更多的行业和领域。

技术进步带来了革新，给了木链科技重新定义行业的机会，而向昶宇一直思考的是如何保持创新，让未来不至于颠覆木链，这是他一直在思考并践行的事情。公司进化的关键难题是连续性创新，在未来的技术创新中继续让木链有一席之地是他的规划。木链科技拿出相当可观的经费与浙江大学计算机学院合作，进行产学研结合，以找到更适合工控安全领域算法升级的机会。同时在工业互联网上下游产业链，木链科技也在积极地推进相关革新技术的推陈出新，随时准备迎接下一次产业技术升级。

对于木链未来的发展趋势，向昶宇认为会比较快，是有中心的快，不是茫然的快，需要慢慢把行业痛点消化、吃透。而现在的向昶宇在做很多决策的时候，已经是一个有"坐标系"的人。因为他经历过资本热潮、资本寒冬，也见过有公司拿了 9 位数甚至 10 位数的融资，但今天已经听不到这些公司的名字了。向昶宇希望 3 年之后木链活着，5 年之后木链活着，10 年之后木链还活着，这就是他创业的初心。

四、案例点评

在创业过程中，创业者会面对非常多的困难，找到适合企业发展阶段的目标与方向，对企业是否能够生存下去有着非常大的影响。不能忽视的就是很多初创企业在创业目标的选择上存在偏差，从而造成创业资源寻找困难、融资困难、产品销售困难以及创业路径不通等问题。本案例的成功很大程度要归功于创业者对企业目标方向的把控与坚持。在确定企业自身目标的时候，应充分发挥企业自身的优势，可以是技术优势、资产优势、人力资源优势、组织架构优势、产品服务优势以及企业文化优势等。同时，清醒地认识到企业自身存在的问题、需要面对的外部对手以及自己所能抓住的市场机遇。只有正视外部的环境与机遇，客观评价自身的长短，才能明确自身的发展目标与方向，并在此基础上制定适合自己企业发展的战略。

案例五

林群书：创业的"0"与"1"

一、概述

创业者

林群书，1996 年 6 月生，浙大本硕期间横跨多个专业，14 级本科电气工程、金融双专业，18 级硕士计算机专业，求是强鹰实践成长计划学员，并加入创新与创业管理强化班（ITP），同时他作为第一发明人在校期间被授权多项国家发明专利。在浙大求学的这些年，有狂热，有探索，有激情，是将知识交叉融合，从工科到量化金融再到创业的探索过程。The best way to predict future is to create it，这也正是林群书创业的激情所在。

组织简介

整数智能成立于西子湖畔，愿景是"成为 AI 企业的数据合伙人"，为人工智能领域的企业及科研院所提供一站式的数据服务，包含数据标注管理平台部署（本地部署 / 混合云部署 /SaaS）、数据采集、数据标注等。

公司自研的数据管理平台，申请知识产权数十项，涵盖数据采集、数据标注、流程管理、众包管理、AI 辅助标注等多项功能，可以完成对图像、文本、音频、视频、3D 点云数据的高效处理，服务领域包括无人驾驶、安防、医疗、金融保险、智慧城市、智能客服、智慧工厂等多种场景。整数智能已经服务了包括腾讯、百度、阿里、科大讯飞、美团、字节跳动等 TOP 科技企业，以及包括清华大学、北京大学、浙江大学、香港中文大学、之江实验室、Stanford、UIUC 等国内外顶级的 AI 科研机构。

整数智能是 AIIA 中国人工智能产业发展联盟、AIITA 浙江省人工智能技术产业技术联盟成员，负责参与多项人工智能领域的标准与白皮书制定。公司在初创阶段曾获"挑战杯"中国大学生创业计划竞赛总决赛金奖、浙江省国际"互联网＋"大学生创新创业大赛金奖、浙江省"中国创翼"创业创新大赛浙江省总决赛

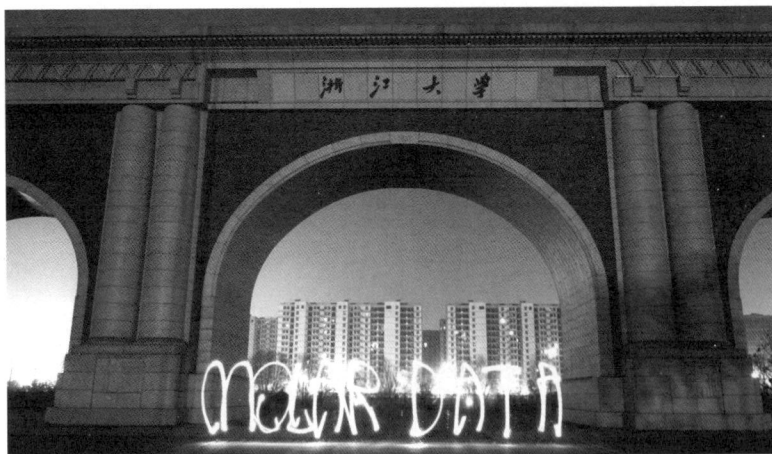

光绘 MOLAR DATA

一等奖等数十项荣誉，也曾受中央电视台、浙江卫视、苏州卫视等诸多媒体报道。

二、创业历程

从量化投资到 AI 数据管理

每个创业者都不免会被问到为什么要创业，乔布斯为了改变世界，斯卡利单纯不想卖糖水，而创始人林群书在私募基金做量化投资 +AI 的经历，给了他启发。

当时他接触的一个项目，是通过对全网金融舆情进行获取，并做舆情情感统计分析，为投资模型提供决策因子。其中在文本分析的 NLP 算法研发环节，需要使用大量优质文本数据来提升算法的准确性，而这个过程需要消耗大量的人力和时间成本。

"当时我的想法是去市场上找相关的数据公司，但是看了一圈，发现没有满足需求的数据供应商，我感觉这可能是一个痛点，所以约聊了许多在企业或科研机构做 AI 算法的朋友，发现在他们的算法研发过程中，也面临着需要处理的数据量极大且流程繁琐等问题。比如一个做自动驾驶场景的研发团队，需要处理几十万张特定场景的图像数据，研发团队如果想自己去完成这部分工作，一方面要建立专业的数据管理平台用于数据处理、管理，另外一方面还需要专业的项目团队对数据生产进行流程、质量控制。"创始人林群书如是说，"意识到这是一个高频且刚需的市场需求

因研究量化投资 +AI，林群书发现了数据市场的需求

以后，我想，如果能打造一个协同高效的数据管理平台，成为这些 AI 领域企业的数据专家，为他们赋能，帮助更多 AI 应用落地，这会是一件很有价值的事情。"

从 1 个人每天写代码至凌晨 3 点到不再是一个人战斗

从想法的萌发，到搭建平台框架，再到测试上线，创始人林群书花了近 3 个月的时间，期间经常写代码到凌晨两三点，有时候迟了他就索性直接睡在实验室，方便睡醒后直接开始写代码。

团队一开始只有林群书一个人，所以像挖掘潜在客户、运营数据项目、招募团队成员这些事情都只能他去做，他也戏称自己是"啥都能干的全栈工程师"。

很快，团队迎来了另一位重要成员：赵子健。两人经朋友介绍相识，在紫金港的元空间第一次交流后一拍即合，日后组成了整数智能的核心团队。一个是沉稳内敛的极客，思维缜密，行事低调，又略显神秘；一个是开朗外放，天马行空，脑洞大到一个太平洋也填不平的少年。两人大方向上能达成共识，往同一个方向前进，行事上又能很好地互补，反映到业务和团队上，整数智能既能有序前行，又能充满欢乐，两个人奠定了整数智能既极客

凌晨的实验室很安静，很适合一心做平台系统的研发

又 Z 世代独特风格的基础。不过，经历了岁月的摩擦和创业的毒打后，两人在外貌特征上也发生了一些不太微妙的变化，用两句话形容："瘦过""头发浓密过"。

以数据赋能 AI，服务行业顶级企业和科研机构

林群书团队搭建的一站式数据生产管理平台，可以完成对图像、文本、音频、视频、3D 点云数据的高效协同处理，并用于服务 AI 算法的研发。除定制化的数据解决方案以外，团队还能提供标准化的数据集产品、数据生产管理平台、数据采集、数据标注等服务。

以最基本的数据标注为例，传统的数据标注公司大多是人力密集型企业，标注工作全部由标注员人力来完成。整数智能与它们最大的不同在于将算法应用于预标注、辅助在线标注、自动化审核等环节，进行人机协作。通过这些自研的 AI 辅助提效工具，在数据标注环节可以节约 30%~50% 的人力。

目前，整数智能服务的 AI 领域包括无人驾驶、智慧医疗、智慧城市、金融、安防等多种场景对数据的需求，与腾讯、字节跳动、浙江大学、Stanford University 和之江实验室等百余家企业及科研机构均有合作。

梦里都是客户，全天 24 小时待命

"2020 年初，我们迎来创业以来的第一单大客户生意。那是和行业里的领军企业合作，我们需要采集数十万张特殊的文字图像数据，并且对图片中的文字进行标注处理。突如其来的大单子是个幸福的烦恼，让我们既兴奋又压力重重。大客户对我们数据服务的专业水平有着更高的要求，因此在平台迭代升级、人员资源调度方面，我们都遇到了不小的挑战。那段时间，我们每天一睁眼就开始处理客户的需求，全天24小时都处于随时待命状态，有几次甚至因为梦见客户给我打电话问项目进展而半夜惊醒。"但压力也可以是让人快速成长的动力，正是因为这个项目，整数的团队成员们得以飞速成长，不仅在平台技术层面完成了新一版的架构迭代，同时在运营这个项目的过程中，团队成员的认知快速提升，团队氛围变得更有要性，执行力随之暴涨。

而在这次历练之后，团队对于未来的发展方向也更加明确：为更多人工智能领域的企业提供更高质、更快速、更安全的数据管理服务，成为这些企业的数据合伙人，而创始人林群书也在谨慎思考之后做出了休学的决定。他表示："休学最直接的原因是时间上的冲突，当时我想的是 all in，这样能有更多的时间打磨技术和产品，给整个市场带来更优质的产品和服务。另外，从选择成本的角度说，创业无非两种结果，要么成功，要么失败。如果能成，提前一年休学，会比一年后再做更成功；如果失败，还可以回到学校重造一遍，所以休学看似冲动，其实反而是当时最理性的决定。"随后，整数智能也正式入驻浙江大学计算机创新技术研究院，从原来的"分布式"办公，到终于有了一个属于团队的家。

休学后，林群书带着全部"家当"，来到了位于浙大计算机创新技术研究院最早的办公空间

上央视，成为人工智能产业联盟专家，参与 AI 标准制定

团队的影响力在持续扩大，2020 年中央电视台《创业英雄汇》栏目到浙江大学进行海选，他们在海选中脱颖而出，于 2020 年 11 参加央视节目的录制。节目播出之后反响很好，许多企业闻讯而来，团队也获得了很多珍贵的合作机会。

随着公司与各大企业、科研机构深入合作越来越多，整数智能依托专业的技术能力和行业积淀，成为人工智能产业联盟的产业数据组专家，共同参与 AI 行业的数据标准制定和白皮书编写工

作，如得到中国电子技术标准化研究院和信通院的邀请参编 SC42
《可信赖人工智能标准化白皮书》与《人工智能研发运营一体化
（Model/MLOps）能力成熟度模型》标准体系。参与制定包括过
程管理、模型管理、安全与风险管理、组织结构、系统与工具等
5 个能力标准，致力于帮助企业提高 AI 研发运营管理能力，提升
AI 模型治理能力，为 AI 大规模应用提供有效路径。与商汤合作
制定的 TC260《AI 数据采集及标注安全规范》，聚焦 AI 数据采
集及标注过程和过程中可能出现的安全隐患，提炼、梳理相关安
全技术。

为学术界搭建高质量的公开数据集提供可能性

发展至今，整数智能服务过许多顶级高校院所与科研机构，
在与西湖大学张岳老师文本智能实验室合作的项目中，不同于传

登上央视《创业英雄汇》栏目

统 NLP 任务中往往只有最终结果的标签，整数为实验室提供了更为细致的标注。例如在情感分析任务中，实验室不只关注样本的情感极性，还关注人类做出判断的依据所在，而利用整数智能提供的个性化标注服务，可以实现针对样本的细粒度标注工作。所以在小样本学习的测试环境下，实验室利用自研算法，以 50 个样本的细粒度标签，设计了一套 Human-in-the-loop 算法，利用仅 50 个样本的训练就可以超过原始利用 1700 多个数据进行的训练。

张岳老师表示："除去 Human-in-the-loop 的算法实现，整数智能的标注平台还为学术界搭建高质量的公开数据集提供了可能性。借助高质量的数据集，广大科研人员可以尽情探索，促进 AI 领域算法落地并提供合理的评价指标。"

通过数据，助力 AI 企业提高核心竞争力

此外，整数智能也服务于各个垂直应用场景的 AI 企业，以自动驾驶应用场景为例，自动驾驶的格局大约在 2024 到 2025 年基本形成，感知算法是这些企业发展的核心环节之一。算法的核心基础是数据，AI 数据服务公司在为这类公司提供结构化数据以及提升算法精确度的过程中，扮演了至关重要的角色。

"目前自动驾驶企业在数据处理环节较多依赖数据供应商，他们通过自建数据标注基地，自研数据标注、采集系统，开发数据生产流程，为智能驾驶领域的企业提供定制化的数据采集、数据标注服务，加速自动驾驶产业化落地进程。"林群书表示，"我

们团队目前可以提供包括数据采集、数据标注、成品数据集以及数据生产管理平台部署在内的多项服务，每一块服务都能为包括自动驾驶场景在内的各个 AI 垂直应用场景提供高质量的数据服务。"

创业路上，你可以永远相信浙大

"在创业的过程中，浙大的创业资源带来了巨大的支持，为团队的茁壮发展提供了向上生长、向下扎根的土壤。"林群书说道，"比如在 ITP（创新与创业管理强化班），有非常体系化的

在浙大求是强鹰俱乐部，与杰出的浙商导师还有优秀的创业朋辈们交流学习，让林群书不断对创业有了更深的认知

创业课程来构建创业知识框架；郑刚老师的 ZTVP 课程每期都会有创业前辈来分享创业故事与宝贵经验；在求是强鹰能与杰出的浙商前辈深入交流学习；像 ASES 这样的创新创业相关组织，能结识许多正在创业或者打算创业的朋友；浙江大学在大学生创业这方面也有非常给力的政策支持，我们可以去申请创业项目立项，评选通过后可以获得一笔项目支持资金，这对于一个处处需要资金支持的初创团队来说十分宝贵；还有浙大非常给力的校友圈，为我们早期开拓市场带来了巨大的帮助！ "

三、创业小结

在创业前需要仔细审查自己是否做好了准备，充足的准备可以让创业的过程更加顺利。林群书认为可从以下两方面入手：自身能力与行业研究。在自身能力方面，创业前的一些基本能力对创业是有帮助的。比如林群书有多元的学科背景，会计算机编程，也会金融。这样，项目的第一版 demo 就可以根据自己的想法去完成，而不需要通过产品经理＋程序员的形式去反复沟通、不断调整。一个人完成上述的事情，启动会更快，同时因为免去了沟通的时间成本，效率也更高。而对金融的了解，也让林群书对公司财务、投融资有了一定的认知，这些也是公司日常经营管理会运用到的知识。如果有的能力自己并不具备，可能就需要提前看看有没有可以被招募到自己团队的朋友来补足这一块的短板。

在行业研究方面，林群书觉得首先要做好用户的调研。这一步不可避免，因为最终产品需要进行销售，提前联系好潜在客户，能避免误入歧途，开发出一些不可能有人愿意购买的功能。行业研究不能轻易地只听一两个人或者一两家公司的见解，需要大范围的调研，尽可能多地了解不同人或公司的实际需求与看法。

另外在创业过程中，需要保持对生活的观察，注重反思、反省能力的锻炼。很多创业成功的朋友做的并不是自己最开始创业时做的事情，而创业过程中的附加品反而成为日后的主打品，或者是创业过程中偶然发现的新痛点是有广泛需求的，所以留意生活中的一些细小的机会是一个好习惯。

林群书提到："有一句话一直让我很触动，'这世界上一定有人在做你想做的事业，过你想过的生活，和你想认识的人交朋友。如果你想迅速提高自己在某个领域的能力，第一件要做的事就是找到这个领域的 No.1，找到一个已经做成的人、一套已经被证实可行的系统，然后开始执行'。"也正是因此，林群书不断去找前辈、创业朋友多多交流。他总能从他们的创业经历中学习到宝贵的经验。"创业是一个在黑夜中不断探索的过程，而浙大的创业前辈们就像夜路上的掌灯人，在一路上给予我们庇护，所以由衷地感激浙大的师长朋友、计算机学院以及创新技术研究院，还有浙大求是强鹰的支持。同时，我们也乐于分享在创业方面已有的心得和经验，以帮助其他有创业梦想的学弟学妹们起步。"

四、案例点评

认知与学习能力是创业者在识别创业机会中所应具备的一个非常重要的个人特征。扎实的知识背景是基础中的基础，只有具备一定相关知识，才可能在工作生活中发现具有价值的问题，才能进行深入的思考，去研究行业背景、现状以及可能遇到的问题。这是机会识别的第一个动态过程，即机会认知。多学科的知识背景为创业者提供了更为广阔的眼界与思考空间，从而能够感知和认识到机会的出现，让机会从模糊到清晰，由初始的发现到创业的决策，这也是一个学习的过程。同时，创业者不仅能直接从经验中学习，同时能通过模仿、改进现有的模式来进行创新，学习他人的创业行为，这更有益于个人进行创业活动。

案例六

黄步添：洞烛先机，做区块链行业先行者

一、概述

创业者

黄步添，1981年生于浙江温州，浙江大学计算机科学与技术学院博士，云象创始人兼董事长，九三学社社员。中国区块链技术研究与商业应用早期推动者，中国计算机学会区块链专委会首任委员，浙江省区块链技术应用协会发起人兼副会长，IEEE Blockchain杭州工作组主要发起人，杭州未来科技鲲鹏企业联盟副理事长，中国人民银行金融分布式账本标准起草人之一。

作为负责人主导国家级金融区块链基础设施项目建设，以推动产业区块链技术发展为己任，深耕区块链底层技术，探索各类应用场景，赋能实体经济，持续打造全球领先的区块链技术平台，推动中国金融区块链应用生态的发展。2021年，荣获"2020年度杭州市区块链杰出贡献奖"；2020年，荣获"赋能中国区块链创新人物奖"；2020年10月，荣获2019—2020年度区块链行业领军人物奖；2020年、2021年，荣获"区块链60人"荣誉。

组织简介

杭州云象网络技术有限公司成立于 2014 年，专注服务金融行业，提供基于"区块链 + 人工智能 + 分布式"的金融数字化整体解决方案，是中国最早从事区块链商业应用、法定数字货币关键技术和智能反洗钱核心技术研究的团队。云象总部位于杭州，在北京、上海、广州、重庆、西安设有分支机构。云象在区块链与人工智能核心领域拥有 200 多项发明专利、60 多项软件著作权，在国际顶级期刊上发表 30 多篇论文。

云象为金融行业客户提供丰富的行业解决方案，拥有区块链基础设施平台 Yunphant Chain、人工智能平台 Yunphant AI、分布式数字化应用框架 Yunphant DAP、数字人民币核心业务平台 YunDCEP、区块链跨链互操作平台 YunCross 等核心技术产品；在资产流转、数字存证、智能反洗钱、数字人民币、支付结算、票据管理、金融资产交易、供应链金融、金融风险管理等方向拥有众多成功落地案例。

国产化及自主可控一直是云象不懈努力的目标。云象是信息技术创新工作委员会成员，公司核心产品均通过了中国信通院和中央网信办的测试和备案，产品兼容主流国产操作系统及服务器。云象作为国家高新技术企业，拥有省级研发中心，设有浙江省博士后工作站，是之江实验室首个战略协同生态企业；参与多项中国人民银行金融分布式账本标准制定，承担多个国家金融市场区块链基础设施建设，牵头科技部重点研发计划"区块链"重点专项（全国唯一牵头企业）；与浙江大学、新加坡国立大学分别成立区块链联合实验室，与浙江大学共建数字资产与区块链研究所、智能计算与系统实验室，与深想科技共建云象深想人工智能研究中心，连续四年入选工信部赛迪区块链研究院等机构联合发布的"中国区块链百强企业"系列榜单，并多次位居榜首。

二、创业历程

发现区块链的新机会

黄步添毕业于浙江大学计算机专业，是国内最早以区块链为研究方向的计算机博士之一。在谈及创业缘起时，黄步添认为，选择创业，从哲学层面看是自我实现的需要。作为一名科技工作者，他更希望看到的是科技解决现实世界的问题，真正给社会发展带来价值。

云象是黄步添第二次创业。第一次创业，他主要做语音通信相关的项目，因为关注 P2P 通信开源技术，自然而然就接触了比特币。2009 年，黄步添读到了一篇中本聪的论文《比特币：一种点对点电子现金系统》，被其中的底层技术原理——区块链所深深吸引，他察觉到区块链作为创业的机会来了！

黄步添的自我评价是"目标感很强"，做事之前他就会给自己设定好清晰的目标以及为什么要做这件事情。比如，他的第一次创业动机就很清晰，希望锻炼个人综合能力，积累经验，学习商业逻辑。虽然第一次创业项目最终还是没能成功，因为当时通信领域已经有很多垂直行业的巨头，留给后来者的机会很少。

经过第一次创业，黄步添意识到"先机"的重要性。作为国内较早一批技术极客，他敏锐察觉到通过去中心化机制建立的信任网络将给产业互联网领域带来颠覆性影响。《经济学人》就曾刊文指出，区块链是"一台创造信任的机器"，让人们在没有信任联系和没有中立中央机构的情况下，做到互信、协作。重回浙大读博后，导师何钦铭教授推荐他研究云计算方向，但他认为这项技术的发展时机偏成熟了，已经有亚马逊、阿里云等大公司布局，很难创造一个新的范式，而区块链有机会成为未来数字经济领域的新范式。

确定方向之后，2012 年，在浙江大学玉泉校区曹光彪大楼智能计算与系统实验室，黄步添带领团队蜗居在几张简单的实验桌上，开始了对于区块链技术从 0 到 1 的探索。

深受浙大"求是创新"校训的影响，黄步添决定选择联盟链方向创业。"区块链是信任的机器，是信息互联网走向价值互联网的信任基础设施，是新型的底层信息技术在互联网时代的创新生态应用模式。"黄步添说创业的初衷是因为区块链能解决人与人之间的信任成本。

大道之行，大象无形

2014年，云象正式成立，首先从解决"信任"开始，逐步探索区块链在智能合约安全、隐私保护、跨链互操作等领域的研发。当时区块链还属于新生事物，国内更加谈不上形成区块链行业，黄步添当时把区块链作为博士研究方向进行技术及商用研究显得有些特立独行。但他选择了这个方向便决定坚持，于是从布道者角色一步步做起。云象是中国最早一批成立的区块链技术公司，国内大部分区块链企业都是2017年以后才跑步入场的。

云象的取名也包含了黄步添的个人理想："云"代表分布式，"象"代表数字世界的数据，"云"＋"象"即为区块链。老子说过"大象无形"，"象"也代表了"道"，云象旨在解决分布式数字世界的"道"，用区块链赋能分布式商业经济。

2014年，黄步添成立了杭州云象网络技术有限公司，"这段草创时期，也是最磨炼人的时刻"。黄步添回忆，团队首先花了很长时间着手调研，通过看文献、做解决方案，了解区块链实际应用场景需求。为了节省开支，早期团队没有租用固定的办公场地，只是辗转于杭城各个咖啡馆。然而正是在一次次咖啡馆会议后，团队明确了联盟链技术路线，确定了产业区块链应用方向，特别是在数字金融领域，开始引领金融区块链行业发展。

开荒拓土，抢占先机

行业拓荒者无疑是痛苦的，需不厌其烦地进行行业布道和市场摸索，但及早布局也让云象抢得了先机。先机对于云象细分赛道的选择及后来的发展也有着非常重要的影响。

云象落地的第一个区块链项目是兴业银行区块链防伪平台，这也是中国银行业首个区块链商用平台。当时的云象是一家初创公司，国内几乎没有做区块链技术服务和商业应用的企业。

此后，云象又参与了香港交易所区块链私募股权交易系统POC（技术验证）、中国民生银行区块链国内信用证传输系统……一次次占据先机，也让云象在一定时间窗口期内快速形成核心差异化竞争力。尤其在中国民生银行的竞标中，云象凭借优异的性能和高稳定性在POC技术测评中力压竞争对手，取得第一的好成绩。

近几年云象的发展步伐稳扎稳打，逐步加快。2016年团队获得第二届中国"互联网+"大学生创新创业大赛金奖；2017年联合中国民生银行、中信银行打造中国商业银行首个跨机构区块链基础设施；2018年获中国本土第一创投机构——深创投A轮投资；2021年1月之江实验室战略入股，成为其首个战略协同生态企业；2021年牵头国家重点研发计划"区块链生态安全监管关键技术研究"，这是全国唯一以企业作为牵头单位成功立项的国家级"区块链"重点专项科研项目。

一路走来，黄步添及团队总是抓住先机，把每个项目、每个客户都做得很扎实，积累了案例经验，并逐步聚焦金融行业，从而成为业内首屈一指的金融数字化服务商，把先机转化为破局的能力。

坚持聚焦，打造差异化核心竞争力

创业过程中，黄步添始终坚持聚焦，选择某个细分领域并坚持下去，这样才能打造核心差异化竞争力。在创业过程中，黄步添认识到打造核心差异化竞争优势是根本，从而将公司的应用场景一步步聚焦于金融数字化这一细分领域，这也是当前区块链应用的主战场。

令黄步添及创始团队记忆犹新的是参与香港交易所区块链私募股权交易系统现场交流的场景。因地形原因，香港除了山就是海，陆地面积非常紧缺，因此相对内地，香港的酒店空间也大都相当局促，团队四五个人不得不挤在一个狭小的房间里，一起反复修改和核对第二天需要用到的PPT，直到天亮。当日8点钟，一杯咖啡之后，几个人来不及合眼便匆忙奔赴现场。全场英文介绍解决方案，并解答一个个尖锐的技术问题，团队获得现场港交所工作人员的一致好评。在准备离场时，港交所工作人员提醒下次注意衣着形象。团队成员这才意识到，彻夜赶PPT的他们显然显得有些疲惫和不修边幅。

这也算作云象发展过程中的一个里程碑事件。在这以后，云象打开了区块链技术在金融数字化场景应用的大门，一路深耕，并基于"区块链核心技术""金融科技"两大核心能力，先后为中央结算公司、上海期货交易所、中国金融期货交易所、银登中心、建设银行、招商银行、光大银行、民生银行、华夏银行、浙江金融资产交易中心等数十家机构在多种场景下提供全方位、快捷、安全和高效的区块链解决方案。

云象是国内第一个实现中国商业银行体系跨机构联盟链的团队，构建了银行间的区块链基础设施"区块链福费廷交易平台"。2020年，区块链福费廷交易平台正式移交给中国人民银行清算总中心，成为行业平台。目前，该平台联盟成员已发展至50余家，累计办理业务超过5000亿元，助推了国内信用证项下资产交易的线上撮合和流转，在国内福费廷业务的线上撮合和流转方面积累了丰富的经验。

共同的理念，团结的团队

利用数据要素、场景创新、平台运营、生态圈服务连接金融机构和实体产业，建设信用体系是金融服务创新的大势所趋。区块链技术具有去中心化、不可篡改、高安全性的技术特征，高度契合金融机构对业务信息即时性、数据安全性、可追溯性的要求。

云象以"区块链核心技术"和"金融科技解决方案"为经营理念，以"让一切变得透明可信"为企业愿景，履行"专业赋能金融数字化"社会责任，践行"科技服务金融，科技创新金融"行业理念，推动区块链技术赋能实体经济，建立分布式商业经济体。

"让一切变得透明可信"是云象的使命，黄步添建立云象的初衷便是希望通过区块链技术构建透明可信的社会。"象"，被云象团队视作图腾，因为它传递出一种稳重的实力感。主创团队也因共同的理念而走到一起。

除了共同的理念，团队还有着共同的爱好，那就是马拉松。

随着马拉松在国内快速发展，近年来，许多企业开始把运动基因植入企业发展中，建立自己的跑步文化。不管是鼓励员工参加马拉松，还是定期组织跑步活动，对于培养团队精神、提高工作效率，都具有重要影响。

在这方面，云象可谓区块链行业的典范。云象管理层都是马拉松爱好者，每年都会跑不止一次马拉松，这样的氛围下，跑步风自然而然被引进云象。

云象管理层践行着企业的跑步文化，带头跑步，更制定了众多鼓舞员工锻炼的政策，并在硬件设施上，配置了健身房和淋浴间以供员工使用。在这样的大环境下，越来越多的同事开始培养自己跑步的习惯。

近几年，公司组织员工参加马拉松，节假日也常组织员工一起跑。每次消息一出，跑者们便欣然集结前往，乐此不疲。几年下来，公司跑步微信群已达百人，大家稍有闲暇便约好了"跑一个"，看着APP上的数据，你追我赶的气氛相当热烈。西湖边、未来科技城、桐庐、富阳……云象的小伙伴几乎每一年都在不同的地方留下了奔跑的脚印和汗水。

政策利好，春暖花开

黄步添对自己的评价是：乐观主义者，长期坚持做有价值的事。正是这样的特质让他走向了区块链这条"拓荒"路，一路虽筚路蓝缕，但仍坚定前行。

在经历了最初艰难的布道阶段之后，区块链行业面对的挑战并未停止，随后几年区块链行业也并未迎来大范围爆发。直到2019 年，区块链对数据流动和安全的价值才逐渐被主流认可，行业的转折点终于到来。

2019 年 10 月中共中央总书记习近平强调，要把区块链作为核心技术自主创新的重要突破口，明确主攻方向，加大投入力度，着力攻克一批关键核心技术，加快推动区块链技术和产业创新发展。[①] 这一重大决策迎来了区块链行业的春天。

2020 年 4 月国家发改委要求新型基础设施是以新发展理念为引领，以技术创新为驱动，以信息网络为基础，首次明确区块链技术纳入新基建的基础设施，这标志着区块链技术将成为信息互通、价值互联的新型基础设施。2020 年中央经济工作会议进一步强调强化国家战略科技力量，充分发挥国家作为重大科技创新组

---

① 中共中央政治局 10 月 24 日下午就区块链技术发展现状和趋势进行第十八次集体学习。

织者的作用，坚持战略性需求导向，确定科技创新方向和重点，着力解决制约国家发展和安全的重大难题，这意味着以区块链技术为代表的新型科技将服务国家战略，推动实体经济高质量发展。

在此之前，区块链经历了被追捧、行业寒冬以及全球经济危机，很多公司开始缩招裁员甚至解散倒闭。在这样的大环境下，2018年云象仍获得了中国本土第一创投机构——深创投的A轮投资，并且成为其首个布局的区块链技术公司。这之后，云象保持了每年融资一次的稳健节奏，且竞相入场的机构都是"大牛"——深创投、复星集团、中信证券……2021年春，云象获得国家重大科创平台之江实验室的战略投资，成为其首个战略协同生态企业。

作为杭州区块链行业的准独角兽，云象区块链被认定为国家高新技术企业、省级高新技术企业研究开发中心，成立了区块链企业首个博士后工作站。商用方面，云象已成国内金融数字化领域内市场占有率最高的企业。聚焦金融数字化，打造了包括金融区块链和数字人民币等技术产品，构建了上海期货交易所全国性大宗商品仓单登记注册平台、中央结算公司数字债券发行平台、商业银行间福费廷资产交易平台等国家级金融市场基础设施。通过云象自主研发区块链基础设施平台Yunphant Chain，支持金融市场跨机构联盟治理、异构网络间跨链互操作等，实现金融资产上链和数据可信交换。

深耕数字金融领域，2021年云象重磅推出了数字人民币核心业务平台YunDCEP。平台基于云象自主可控的分布式数字化应用框架，赋能商业银行为个人和企业提供数字人民币的兑换流通服务，为商业银行的数字人民币业务创新、场景拓展、市场推广、业务处理及运维提供产品系统解决方案的支持。在人民银行中心化管理的前提下，充分发挥商业银行及机构的创新能力，与运营机构共同搭建数字人民币兑换流通金融基础设施。

目前已有数十家银行客户应用该平台，部分银行已成功上线并稳定运行。同时云象承担国家重点研发计划"区块链"重大专项——区块链生态安全监管关键技术研究（全国唯一企业牵头），并将在数字人民币生态安全监管场景开展大规模应用示范。

面向未来，大步向前

凡是过往，皆为序章。近几年云象的主要创新领域演变为区块链生态安全治理、异构网络跨链互操作、智能合约安全漏洞检测、数字人民币智能合约开放平台等。

同时，基于对区块链＋金融的坚持探索，云象已迅速吸引和聚集了一批深耕金融信息化建设、有志于探索数字化金融发展形态的专家人才。团队在先后承建了大部分国家金融市场区块链基础设施之后，又承担了国有大型商业银行、全国性股份制商业银行等数字人民币核心业务系统、数字人民币智能合约平台等建设工作。

2022年1月，浙江省推进钱塘江金融港湾建设联席会议印发《钱塘江金融港湾发展实施计划（2021—2025）》。《计划》指出，争取实施数字人民币试点。在央行指导下，支持符合条件的地区申报开展数字人民币试点，依托杭州亚运等系列场景开展数字人民币试点，构建多方参与的数字人民币流通生态体系。

这将是云象的重大机遇。云象专注于服务金融行业，是中国最早从事区块链商业应用、法定数字货币关键技术研究的团队，也是杭州亚运会智能亚运最佳区块链解决方案服务商。

杭州亚运会将推出区块链门票、区块链食品溯源、区块链投票、区块链火炬等多种智能亚运场景，通过区块链门票满足"智能亚运"链上票务系统、门票防伪鉴真、有效监管门票销售的需求；通过区块链食品溯源，从消费者终端追溯到生产源头，有效监督各环节食品安全问题；通过区块链投票提升民众参与度，增强投票透明度，提高亚运关注度，扩大赛事影响力；通过区块链火炬将传递火炬的历史时刻在链上永留存，有利于城市文明多渠道传播。云象必将积极发挥自身技术优势，为金融机构的数字人民币智能合约、跨境支付等场景提供更加稳定、安全、易用的解决方案，并不断探索交通出行、行政缴费、餐饮娱乐、医疗卫生、旅游票务、商旅酒店等各类数字人民币应用场景，为家门口的顶级赛事打造出浙江样本。

同时，云象也将以亚运为契机，持续跟进区块链、人工智能等前沿技术，加强面向实体经济的场景创新，帮助金融机构拓展金融服务覆盖面，提升普惠金融服务水平，进一步助力完善数字人民币生态体系。

站在新起点上，云象的目标是，像电影《阿甘正传》中的阿甘一样，在区块链这条路上一直努力奔跑下去，聚焦产业区块链金融数字化领域，用好产学研生态差异化优势。应云而生，万象更新，以云立信，大象无形，长期坚持做有价值的事，成长为区块链金融数字化领域的王者。

三、创业小结

黄步添将自己创业的心路历程总结为三个词：乐观、坚持、聚焦，这样才能打造出核心差异化竞争力。

在创业过程中，黄步添认识到打造核心差异化竞争优势是根本，从而将公司的应用场景一步步聚焦于金融数字化这一区块链应用主战场。黄步添始终坚持着"聚焦"和"坚持"的思路。

云象的核心竞争力，首先来自一直聚焦金融数字化领域，云象联合浙江金融资产交易中心上线区块链金融产品发行审核系统，联合深圳泽金金服上线区块链供应链金融系统，联合民生银行、中国银行、中信银行上线区块链福费廷交易平台等，陆续打造诸多产业区块链金融数字化领域的标杆应用案例。

其次，云象通过自身能力对行业资源进行整合，构建了一个产学研用融合的生态体系。目前云象已与浙江大学、新加坡国立大学分别成立了区块链联合实验室，与浙江大学共建了数字资产与区块链研究所、智能计算与系统实验室，与深想科技共建了云象深想人工智能研究中心，与澳大利亚斯威本科技大学共建了数字创新研究院，在优质的产学研用的生态体系中，坚持创新发展。

四、案例点评

"一流企业定标准、二流企业做品牌、三流企业做产品"，不知何时起，这句话被很多科技创业者和投资人奉为经典，也揭示了高科技行业的真谛。对于黄步添而言，对于技术的执着，让他所带领的团队，得以从区块链技术早期的新兴探索者，逐渐成为整个应用领域的标准制定者之一。其实，"是做棋子，还是做棋手"，往往是创业者初入行业时纠结的核心命题。在传统的行业领域和模式框架下，两者均有机会。但是，若把眼界着眼于新的蓝海，是否只有这两种选择？还有第三种，留给强者的机会，建立新的"游戏规则"。不管历史如何进步，不管社会如何发展，唯一不变的就是"创新"。要想获得"领先"，就要打破旧的游戏规则，开拓新的领域和模式，现代企业的创新创业之旅也会就此拉开。

案例七

李响：科技创新改变"视界"

一、概述

创业者

李响，1982年5月出生，浙江大学电气工程学博士，美国加州大学洛杉矶分校访问学者，主要研究方向为机器视觉技术对人工视觉的辅助与重建。创办了杭州瑞杰珑科技有限公司，曾荣获首届由教育部主办的中国"互联网＋"大学生创新创业大赛全国总冠军，入选杭州市高新区5050人才计划、杭州市521人才计划，浙江省特聘专家，担任杭州市大学生就业创业专家指导团导师。曾荣获由科技部、财政部、教育部、国家网信办和中华全国工商业联合会共同举办的第五届中国创新创业大赛电子信息行业全国总冠军。荣获杭州市2016年度"新锐之星"、杭州市高新区十佳大学生创业之星。2019年获教育部创新创业英才奖。同时受聘中残协康复工程和辅助技术专委会视障辅助技术学组副组长。

创业的同时，李响博士仍长期注重专业领域研究，发表了一系列交叉学科论文，并主持多项国家、省、市级科研项目，申请专利60余项（已获得授权30余项），其中发明专利21项、国际专利 6 项，具有广泛的行业及学术影响力。

组织简介

杭州瑞杰珑科技有限公司成立于 2013 年，是中国领先的高科技视力辅助产品及服务提供商。以改善人类视觉能力与体验为初衷，旗下"Zoomax""瑞杰珑""云夹"等产品系列分别覆盖低视力及盲用辅助电子智能产品、斜弱视治疗设备、近视防控可穿戴设备等相关领域，是全球视力电子产品领域的创新领导者。公司总部位于杭州，并在北京、深圳、香港和美国波士顿设有分公司或子公司。2014 年收购英国 Zoomax 后，为海内外业务长足发展打下了坚实的基础。

在开发与生产创新型产品的基础上，自成立以来，公司承担国内外省（郡、州）级以上政府采购与服务项目百余次。公司与国际顶尖院校和团队合作，先后研发出多款针对低视力、近视和斜弱视用户的创新性产品，技术涉及光学成像、图像处理、人工智能深度学习、AR/VR、可穿戴、人工视觉、眼科学等领域。为解决 AR 智能可穿戴产品线的核心算力问题，公司自主研发了 Lidar 测距芯片模组，为下一代产品的轻量化奠定了基础。累计申请专利 60 余项，已获得授权 30 余项。成功引入 ISO9001、14001 企业质量体系，并多次承担国家级及省市级科研项目，荣获"国家高新技术企业""5050 计划企业""雏鹰企业""软件企业""瞪羚企业""市研发中心"等称号。2015 年，公司荣获由教育部主办的首届中国"互联网＋"创新创业大赛全国总冠军，2016 年再获由科技部主办的第五届中国创新创业大赛电子信息行业全国总冠军。

瑞杰珑渴望通过创新科技解决人类面临的各种视力问题。希望到 2025 年能够帮助 1 亿人提升他们的视力能力或体验，包括近视、弱视、低视力到盲人患者，都能通过瑞杰珑提供的产品和服务更好地工作、学习和生活。

二、创业故事

机会总留给有准备的人

从 2005 年开始，李响就和同学们组织演出、办培训班等。"折腾的领域比较多"。而在多个领域都"折腾过一番"的李响，最后为什么会进入视觉电子产品市场？

这个机遇，来自他读博士期间参观了残疾人辅助器具展示厅，他说，他前后去了两次，就嗅到了商机——那里的残疾人，所用辅助设备一直依靠进口，不仅价格昂贵，且使用效果并不理想，说明全是英文，很多残疾人不大会用。学集成电路设计的李响感觉到，"这些我们也能做"。

而带领他们参观的人当时就说，"只要你们能生产出来，我们就来买"。李响回去后当即找了几位工科同学，开始研发自己的产品。他们前后花了一个月便拿出了样机——第一代产品有点

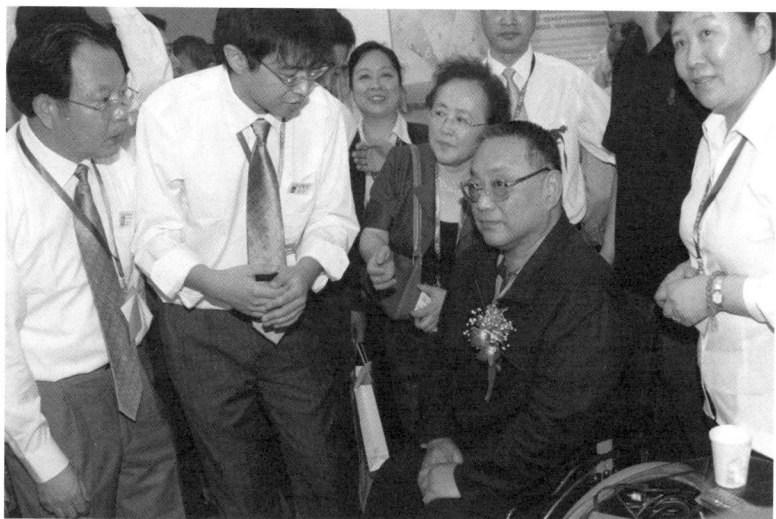

北京国际残疾人用具博览会上中国残联主席邓朴方观看公司产品

像 PSP，不仅可以替代福利院的那些进口产品，而且携带方便。很快，这款产品就获得时任中国残联主席邓朴方的高度认可。

李响迅速成立了瑞杰珑的前生——瑞弗科技公司，注册了瑞杰珑（英语 Rejoin，重新参与的意思）商标。而这一年，李响 24 岁，还是个在读的博士生。

市场是创业者永远的老师

2007 年，他们在学校里做智力评估设备、听力评估设备，最初的商业项目都出自浙大的未来企业家俱乐部。当时，产品虽好但却微利，面对市场上占垄断地位的国外产品，他们很失落。市场是创业者的老师，他们发现，在看字阅读时，传统放大镜只能放大 3 倍，镜片边缘字体则会变形失真。但通过集成电路控制的助视器，能实现几十倍的高清晰放大。在经过一系列试验后，李响团队发现低视力领域的技术提升空间还很大，这让他和搭档们信心倍增。

他们把目光集中在为弱视和低视力人群服务的助视器上，开始引进一些光电专业人员研发产品，试产和批量生产则外包。为了方便沟通，他们就近在浙江找了一家代工厂合作。后来随着业务量的迅速增长，特别是海外高品质要求的订单越来越多，他们的产品品质管理、生产周期、供应商资源方面都出现了一些问题。而客户方面，达不到要求就会退货——这使李响的创业遇到了一道坎儿。

公司管理团队讨论后当机立断，到制造资源更丰富的深圳建立分公司，组建生产和供应链管理团队，自建生产工厂。随着新产品的陆续研发，公司成为业内少有的集研发、生产、销售为一体的企业。

创业者，步履不停

全世界虽然有 2.6 亿低视力患者，想象空间很大，但市场渗透率却不足 2%，而且主要集中在欧美发达国家。这类产品的发展高度依赖医疗服务渠道的成熟度，在医疗渠道欠缺的国家和地区很难开展低视力业务。尽管创业几年里公司的营业额一直保持着快速增长，但李响知道，单凭研发产品是无法改变整体行业格局的，这仍然是个小众市场。

　　除原有的低视力产品业务，李响还嗅到了另外一个商业契机，在视力领域相关的数据搜集下，他发现我国近视率居高不下，近视已经是我国社会一大问题，青少年近视防控不仅是个很好的商业契机，同时也是一个对祖国未来花朵的长远发展有重要意义的事情。

　　经过市场调研、分析，李响和伙伴们发现，近视眼的成因除了先天遗传因素外，更多的是阅读习惯。因此，产品必须能量化用眼数据，对造成近视的因素加以控制，重点矫正阅读习惯。于是，在中国互联网＋创新创业大赛上夺魁的产品"云夹"被开发出来，

公司旗下云夹产品"可穿戴智能夹扣"

孩子家长可以每天在手机 APP 上查看孩子的专业用眼报告，接收定制化眼科医疗服务。

智能可穿戴近视防控设备"云夹"，是一个戴在眼镜框上仅重 6 克的小夹子。它可以在使用者阅读时间长、用眼角度倾斜、读书距离较近时，用振动提醒抬眼远眺、矫正姿势、调整距离，也能为医院提供使用者用眼习惯的监测数据。

让所有人共享清澈光明的世界

现在的瑞杰珑杭州办公区，最显眼的空间摆放着帮助弱视和低视力人群的辅助产品助视器。一直以来，瑞杰珑坚持市场"精耕细作"，公司已经做到了低视力辅具行业的国内市场占有率第一。在国际市场上，他们从开始与著名英国品牌 Zoomax 开发代工合作，到 2014 年全资收购 Zoomax，中国创造的产品品牌从幕后走到了台前，现国外有 70 多个销售渠道。2018 年，海外团队在德国参展低视力展会 Sight City 之际，在法兰克福喜来登酒店举办了公司成立 10 周年庆典，会议邀请了数十位各国经销商出席。会上，李响博士做了酒会致词，感谢海外经销商多年的支持，对业绩优秀的经销商进行了颁奖，同时还和合作伙伴一起对公司未来的发展做了激情展望，希望大家可以继续共赢，携手走过接下来的再一个、二个及数个十年。

李响说，希望到 2025 年能够帮助 1 亿人提升视力能力或体验，包括近视、弱视、低视力患者到盲人，都能通过瑞杰珑提供的产

瑞杰珑成立 10 周年，德国酒会——李响博士给旗下公司的国际经销
商颁奖

品和服务更好地工作、学习和生活。

让近视者"看清"光明世界，这是李响的一个梦。作为图形
影像在视力辅助医学方向的应用，智能近视防控可穿戴设备能够
满足医疗和学术研究的双重需求。现在，公司无论是智能低视力
辅助还是可穿戴近视防控设备，在市场上都获得了消费者的好评，
市场买单就是对创业者最大的认可和鼓舞。

创业不易，整个过程充满了困难、挑战和诱惑。但李响和伙
伴们认定，在一个领域里专注、坚持才能成长。"目前我们的护
城河建起来了，做大很不容易，做差也不大可能，但需要人沉下
心来修堡垒。"

三、创业小结

创业初期，团队做了各种方向的尝试，最终选择在视力领域集中精力深耕细作，利用十年时间成长为行业领军企业，海外业务也取得了长足的发展。近年，随着地缘政治的抬头和新冠疫情的影响，越来越多领域的格局发生了改变。在接下来的十年里，团队考虑将自身积累的技术优势和渠道优势向更广阔的领域拓展，着力发展硬科技，以迎接未来的挑战。

面向青年学生创业者，李响表示，互联网与移动互联网时代红利期已经消退，前几年在校学生普遍关注的以商业模式创新驱动的创业机会越来越少，核心技术作为驱动的创业项目更多地获得资本的青睐，这类项目在未来更可能成功。在校期间大家可以尽可能地去尝试，探索行业和思路，但不要影响自己专业的积累。商业技能固然重要，但真正决定创业者未来走多远的，还是团队在自身领域的技术底蕴，以及能否在此基础上快速形成产品及服务交付能力，以自己的技术创造来满足市场的需求。

四、案例点评

"嗅觉敏锐"和"善于折腾"可被认为是李响创业至今的两大"标签"。当今的创业领域和投融资板块，都无不提及需要有技术的"硬核创业"。然而,创业者往往由于与市场应用场景脱节,或者技术转化环节缺失,造成"行百里者半九十"的局面。所以,如何结合自身的技术背景和每一次社会阅历,总结并萃取出新的市场机会和自身的切入点,就成了创新创业过程中的"必修课"。这门功课,李响无疑是获得"优等"评价的。而"善于折腾"的行动力,也让李响从立足当下的机会,一步一步走向了国际化的市场,开拓出了一番事业的蓝海。这里不仅需要扎实的技术功底,也需要不断经历挫折的迭代解决方案,更需要国内外市场的"大浪淘沙"。对于我们今天的技术型创业者,这将是一个很好的观察和学习的"样本"和"榜样"。

创业初期，李开复参观瑞杰珑公司

创业初期，尹蔚民参观瑞杰珑公司

李响博士接受浙江电视台采访

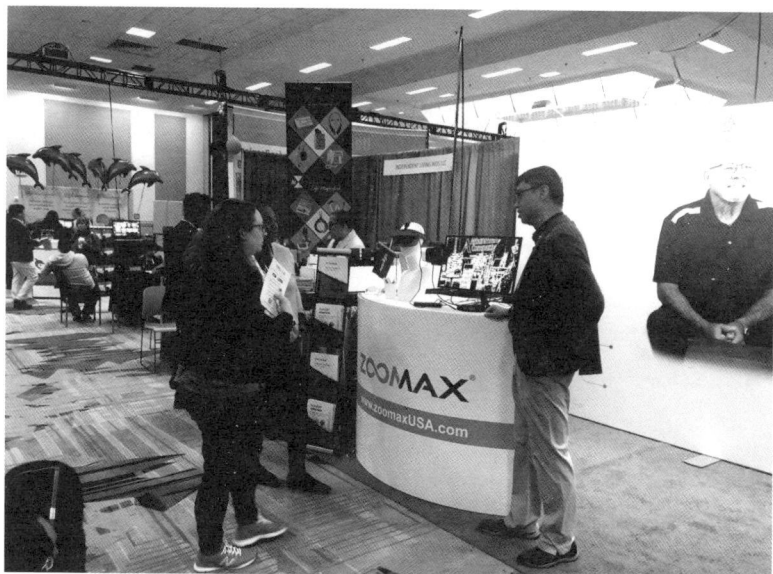

旗下公司 Zoomax 的美国展会，李响博士向来访者介绍产品

中 篇

创业者精神

创业者精神是创业者必备的个人天赋，创业者精神对创业实践具有重要意义，是创业理想产生的原动力，是创业成功的基本保证。创业者精神由多种精神特质如创新精神、拼搏精神、团队精神、乐观精神等综合而成，具有高度综合性。

创业者精神由哲学层面的创业思想和创业观念、心理学层面的创业个性和创业意志、行为学层面的创业作风和创业品质所构成。缺少其中任何一个层次都无法构成完整的创业精神。因为创业者所要从事的是前人没有实践过的事业，所以创业者精神也必将具有超越历史的先进性。

创业者精神通常具有以下特征：激情、积极性、适应性、领导力和雄心壮志。面对技术难题和不断变化的外部市场，创业者能体现出坚强的个人意志和极强的领导品质。优秀创业者能始终保持乐观向上的精神，能够持续全身心投入；"激情"与"热爱"，不但对于创业者本人影响巨大，同时对创业团队也意义深远。

案例八

白云峰：创业，不仅仅是运气

一、概述

创业者

白云峰，浙江大学管理工程与科学博士生，杭州利珀科技有限公司创始人，浙江光珀智能科技有限公司董事长兼CEO。创办了杭州利珀科技有限公司、浙江光珀智能科技有限公司、杭州云酷智能科技有限公司等企业，带领团队获得首届教育部创业英才奖、第三届中国"互联网＋"大学生创新创业大赛总决赛总冠军、首届浙江大学大学生创新创业先锋、2018年浙大双创杯金奖、2017年浙商创新创业大赛人工智能专场优胜奖等奖项。

公司简介

浙江光珀智能科技有限公司主营3D激光雷达及深度相机产品研发、生产、销售，产品主要应用于三维建模、机器人、无人车导航、虚拟现实和安防监控等众多领域。公司专注开发芯片SoC，致力于引领3D机器视觉科技和产业的发展方向。作为全球少数几家拥有固态激光雷达和图像传感器核心技术的公司，其全新三维传感器基于科研机构十几年研究得出的全新原理。硅谷、瑞士、杭州三地芯片团队在负责人薛松的带领下，克服了现有传感器成本高、分辨率低、抗干扰能力差这三大世界难题，大幅提升了机器人、无人驾驶汽车的感知能力。

光珀智能依托浙江大学光电信息工程系起步，在光学领域积累了多年的研究和产品开发经验，公司聚集了光学、激光、光纤通信、精密机械、半导体、人工智能等前沿行业的顶尖专家，充分吸纳了图像处理、光学成像、微电子、集成电路、激光器技术的先进成果，致力于解决实时通信、数据处理反馈的协同控制等关键技术点难题。

目前公司有员工 200 多人，主要核心骨干来自浙江大学、哥伦比亚大学、加州大学、香港大学、中科院等专业名校。2019 年，公司入选国家发改委人工智能创新发展项目。

二、创业历程

白云峰在读硕士期间和校友凭 3 万元创办杭州利珀科技有限公司，主营基于机器视觉技术的产品缺陷检测，实现"机器换人"，并进一步在机器视觉技术的基础上向"大数据、云处理"的方向发展，研发和生产通用图像信息采集终端。4 年时间，利珀科技已成为中国机器视觉检测行业的龙头企业。随后，白云峰又创办了另一家公司——浙江光珀智能科技有限公司。2017 年 9 月，光珀智能在全国 37 万支参赛队伍中脱颖而出，得到全场最高分——740 分，最终获得第三届中国"互联网＋"大学生创新创业大赛总决赛冠军。

白云峰所创办的两家估值数十亿元的准独角兽企业，总共拥有员工 500 余人，其中研发人员超过 300 人，超过半数拥有研究生以上学历，还有一批来自世界顶级科研机构和世界 500 强企业的核心研发人员。作为浙江大学博士生，白云峰的创业依托高校前端突破性技术理论，实现了科技成果的转化。

创业缘起，学以致用

白云峰学习的专业是技术创新管理。判断一个新技术的未来发展，同时把新技术快速和市场需求结合，这就是技术创新管理专业所学习的。在浙大读硕士期间，他与校友创办了利珀科技，主营工业视觉检测设备。之前团队在做机器人、无人驾驶、安防研究的时候，发现三维传感器一直是限制人工智能发展的关键核心零部件。激光雷达的成本太高，当时白云峰就想：能不能有一种全新的三维传感器，能够真正成为人工智能的眼睛，来推动人工智能的发展？所以他成立了浙江光珀智能科技有限公司。

光珀成立，令白云峰最高兴的是有一批国际优秀学者的加入。这是对国内人工智能市场、技术的认可，也是对中国人工智能发展机会的认可。光珀产品研发的第一个理念就是创新，所谓创新就是不去做系统集成，而是从低层原理开始，构建自己的核心技术。

如果没有核心技术的发展，很多核心元器件都是被卡脖子的。

光珀作为一个创业公司，在跟大公司竞争的过程中，无论资金还是渠道，都没有自己的优势。这种情况下光珀就必须做出自己独特的产品，只有这样才能够获得生存的空间。在创业过程中，白云峰也面临着很多的诱惑，每当选择的时候，他就想起四个字"不忘初心"。最初成立光珀的目的是为中国人工智能的发展提供一双可靠、低成本的眼睛，希望推动整个社会人工智能的发展。光珀以三维感知技术为人工智能创新技术的切入点，坚持以人工智能领域为发展方向，致力于深耕人工智能环境感知传感器产业，打造一个具有国际竞争力及国际知名度的三维感知创新企业。

事业起步，围绕新技术构筑核心能力

光珀智能掌握了三维成像机器视觉的核心技术，定下了"光珀智能是全球新一代 ToF 传感器技术的领先者"的目标。最初光珀智能团队只有几十人，人数虽然不多，但工作时大家互相配合，十分有干劲。团队曾获"第三届中国互联网＋大学生创新创业大赛"金奖，"创青春·浙大双创杯全国大学生创业大赛"金奖。光珀智能聚集了一批光学、激光、光纤通信、精密机械、半导体、人工智能等前沿行业的优秀专家，大家朝着一个共同目标奋进，为中国人工智能的发展贡献自己的一份力量。

公司成立后，光珀智能研发了一种全新的三维成像技术，具有完全的自主知识产权。光珀智能的核心技术解决了传统激光与深度相机的技术短板。光珀固态面阵激光雷达具有高度环境适应性，不必机械移动扫描部件，即可与智能设备在多环境下协同工作，辅助智能设备实现三维机器视觉。这为光珀智能在不久的将来研制出更加具有精巧化、灵活性的客制化产品奠定了扎实的基础，同时也吸引了很多国内外企业、投资商与光珀智能合作。

光珀智能的深度视觉相机产品基于一种全新的三维成像原理，能够解决目前三维成像技术存在的高成本和低可靠性的问题，具有完全自主知识产权。公司产品的应用范围非常广泛，属于平台级的技术。

在技术上，光珀智能取得了四个方面的显著优势。

成本低：与激光雷达不同，公司采用其他光源代替激光光源，用普通探测面阵代替 APD 探测器，将三维成像雷达的成本降低至激光雷达的几十分之一。

成像速度快：实现了高分辨率三维实时成像，最高成像速率达到 60 帧 / 秒。

成像分辨率高：采用凝视成像探测和面阵型探测，使得三维成像能够获得足够高的成像分辨率。

稳定可靠：系统没有运动或者旋转扫描的部件，不会受到外界恶劣环境对机械运动结构的影响。

目前，公司产品已经基本成熟，市场上也尚没有适用性如此广泛的类似产品，在成像速度、分辨率、测距精度、抗户外阳光以及多机干扰等方面都达到优秀的应用级水平。公司掌握多项软件及硬件关键核心技术，在本领域具有非常鲜明的独创性、综合性和垄断性优势。截至 2020 年 9 月底，光珀智能已累计投入研发费用 4000 余万元。目前，光珀智能已经实现深度视觉相机的产品化，深度视觉相机在智能机器人视觉、三维测绘以及未来汽车主动安全等领域均具有重要应用价值。特别在智能机器人的视觉领域，该技术能实现智能机器人的环境感知，利用深度视觉相机提供的高速三维图像，通过计算机快速建立道路和障碍物模型，帮助智能机器人实现自主行走、自主抓取和自动规避障碍物等功能。

发展节点，一步一个里程碑

2017 年 9 月，光珀智能在美国硅谷召开了全球首场产品发布会，引发了业内人士的高度关注，产品的主要应用领域包括：安防监控、汽车自动驾驶、机器人导航、三维建模、虚拟/增强现实、人机交互、机器 3D 视觉等，目前已经研发了 4 款可应用于安防、仓储机器人、低速和高速无人车的产品。

光珀智能于 2018 年 7 月 10 日正式与投资人签订 A 轮融资协议，本轮估值为十几亿元，三家投资人投资总计约 1.5 亿元。本轮融资资金将用于光珀智能独有的 ToF 传感技术的持续迭代以及传感器的系列化。

未来规划，全方位持续升级光珀智能

未来光珀智能将持续加大研发投入，加强创新能力和人才队伍建设，开展多种方式的研发合作，并为长远发展提供源源不断的技术和人才支撑。光珀智能还将继续稳固并保持企业在三维传感器行业中的领先地位，同时积极参与国际市场竞争，逐步发展成行业内的国际知名企业。另外，光珀智能将持续加大产业化投入，提升产业化生产能力，扩大业务规模，优化产品结构，增强公司盈利能力，提高市场竞争力。在人工智能领域还将积极开发新产品，进一步提升公司的市场竞争力和盈利能力。

光珀智能未来还会进一步完善营销团队建设，加强公司品牌推广，增强售后服务能力和技术服务能力，推动产品市场占有率不断提升，从而在市场推广方面建立更高的壁垒，进一步拉开与竞争对手间的差距。

高素质的研发人员、营销人员、管理人员是光珀智能的重要人力资源。为了实现总体战略目标，健全人力资源管理体系，光珀智能制定了一系列科学的人力资源开发计划，进一步建立和完善培训、薪酬、绩效等激励机制，通过外部人才引进和内部人才培养，构建高素质的人才队伍，最大限度地发挥人力资源的潜力。

光珀智能希望通过不断的技术创新、全面的市场推广，走上可持续发展的道路。未来几年，光珀智能将在智慧安防、机器人自主导航、无人驾驶、体感交互四大领域形成一大批稳定的客户，成为国际领先、全球知名的深度视觉相机系统解决方案提供商。

三、创业小结

创业光有努力远远不够

创业之前，白云峰认为只要努力就足够了，心中总想着创业成功，早日实现人生价值，想到项目就亢奋得睡不着。创业之后，白云峰才明白付出的不只有努力，有时间，还有时刻都会面临的资金问题，创业更重要的是眼光与格局。

感性与理性。创业前，白云峰简单地做了行业分析，结合个人所学的专业知识，认为 3D 图像传感器技术、人工智能都是未来的朝阳行业，带着一股拼劲就开始行动了，这时是感性的。但在行动的过程中，他逐渐意识到，做什么项目、如何盈利都是需要理性分析的，这是一个从感性切换到理性的过程。真正成功的企业并不是靠情怀和兴趣支撑起来的，商业就需要有商业的规则。

自信与谦逊。创业者需要强大的自信甚至自大，其实有的人很聪明、能力也很强，但和创业者之间就是差了那么一点勇气。最初白云峰认为别人做不成的事，他能有办法去做成，但在过程中又发现事情没有想象的那么简单，得承认自己的不足，知道自己的优势和劣势。这一点在寻找合伙人之前很重要，得先清楚自己的性格、优劣势，再找一个能互补的合伙人，而不是一个性格一样的人。

执行与思考。想法是美好的，但如何去实现是一个很现实的问题。白云峰之前想过要做的事很多，好像每一项单独做应该都能做起来，但如果仅靠一个人，个人能力还没强到能够同时做好不同的几个项目，那就需要确定到底想要做什么。这是一个不断聚焦的过程。之前想得很多，慢慢聚焦，找到一个能切入的点，接着再慢慢扩大。

创业是对能力与意志的全面挑战

创业无疑是一个漫长而艰苦的过程。创业创新，要创得出色，靠的就是能否兼备技术创新和思维创新。作为年轻一代，要面对不断更新的时代。要创业，必须眼看四面、耳听八方，从而促进创新意识的增强，令自己的创业理念能迎合大众的口味，及时满足因时代变化而引起的新需求。

做事务实，要有从实际做起的决心。不能盲从，要兼备面对现实的勇气，留心身边有利与不利的条件。在求学阶段，白云峰加入求是强鹰实践成长计划，懂得从方方面面获取自己所需的资讯，扎扎实实从基础做起，扩大自己的社交圈子。

创业要有强大的心理承受能力。在创业阶段，难免会有碰撞，创业成功和面对困难时的意志有莫大的关联。调查问卷显示，大多数调查对象有正确积极的心态去面对所遇到的困难，也就是说大学生在未来的创业之路上要有全面的心理准备。

要保持创业的持久力。创业路途漫长，很多人说"创业难，守业更难"。要保持现有的经营状况，并使之蒸蒸日上，创业者需要比初创时更多的心力和智力。没有相当的热情，就会对工作产生倦怠感，使事业停滞不前。而相反，空有热情，事业也不能走远。创业的心理准备十分重要，既要对成功创业充满信心，也要对在创业中可能遇到的困难和风险有充分的思想认识，更要有承担创业失败后果的心理准备。

要有坚定不移的创业信念，要对创业成功充满自信。对创业者来说，信心就是创业的动力。要对自己有信心，对未来有信心，成败并非命中注定，要依靠自己的努力。一个人如果连自己都不相信能创业成功，他是不可能去积极争取和刻意追求的。

要有创业的责任感。现代大学生应担当创业重任，上为国家做贡献，下为自己谋出路。同时，要有逆境中创业的心理准备。虽然身处逆境，却要拼力抗争，不断追求，才有可能创业成功。积极的创业心态能激发潜能、拓展潜能和实现潜能，进而帮助创业者获得事业上的成功。热情就是力量，热情就是潜能，有了热情才能有前进的动力和活力。还要清除内心障碍，去掉前怕狼、后怕虎的畏难情绪，认准的事情立即去做，确定的事马上落实，要坚信"有付出必有回报"。

创业者还要有顽强拼搏的创业意志。创业意志是指创业个体能百折不挠地把创业坚持到底。创业的意志品质包括：一是创业目的明确，二是坚决果断，三是具有恒心和毅力。创业者只有具备百折不挠、坚持不懈的毅力，才能够根据市场的需要和变化，确定正确且令人奋进的目标。创业者必须有一颗持之以恒的进取心，三心二意、知难而退，或虎头蛇尾、见异思迁，终将难以成就事业。在创业的过程中，不单要创造性构思，更重要的是创造性实践。因此，创业的成功需要坚忍不拔的意志、顽强的毅力、吃苦耐劳的执着追求、忘我的热情和甘于奉献的精神。要记住，不要为创业而创业。创业应该源于市场需求，才能有好的创意。一方面，愿意为社会创造财富，另一方面，这种财富还必须是社会所需要的。对于涉世不深的学生创业者来说，要有合作精神，有团队意识，加上合理的管理制度，才能最终保证事业的成功。因此，大学生在创业方向的选择上应扬长避短，寻找适合自己发展的道路。

创新创业必须有整合资源的能力，企业的资源不仅是人、财、物，还包括知识、时间、智慧组合、公共关系等无形的要素。如果没有把资源整合在一起的能力，就会失去竞争的优势和先机。创业者还必须具备应付变革的能力，是否可以在激烈的市场竞争环境下，突破自己固有的思维局限，挑战自己以往的成功模式和战略手段，是考验创业者心理素质和魄力的重要环节。不断否定自己，突破自己，战胜自己，向自己挑战，向明日挑战，才有机会成为未来的佼佼者。创业者应该从自己最擅长的地方切入，扬己之长，避己之短。从简单做起，起步越简单越好。坚定自己的信念，增强自己的信心，切忌妄自菲薄。不用考虑过于全面而长远的计划，在哪里有冲动就从哪里起步。说干就干，立即将想法付诸实施，在行动中摸索，逐步确定发展方向。

2018 年，光珀智能开展关键核心技术攻关的研究，并逐步加强固态激光雷达感知芯片的研发，同时建立符合市场需求的激光器研制基地和批量生产线，不断提升企业在固态激光雷达领域的核心竞争力。

2019年，光珀智能入选国家发改委人工智能创新发展项目，得到全国多家媒体的关注报道。同年，光珀智能应邀亮相"双创周"，展示科技创新成果，光珀CEO白云峰向李克强总理等国家领导人介绍光珀在自研半导体领域所取得的实质性成果。

目前，光珀智能专注开发芯片SOC，致力于引领3D机器视觉科技产业的发展方向。作为拥有固态激光雷达和图像传感器核心技术的公司，其全新三维传感器克服了现有传感器成本高、分辨率低、抗干扰能力差这三大难题，推动了无人驾驶、机器人等行业的技术进程，成为全球新一代3D深度传感器技术领军者。

四、案例点评

白云峰和光珀智能的案例，向创业者展示了许多创业成功的影响因素。其中既包含了创业者自身优秀的个人素质、坚强的意志，也包括了创业者对外部环境的适应、创业机会的捕捉、创业资源的利用以及创业团队的建立。

创业机会来源于不断变化的市场环境、新技术和新产业的出现、消费者新的需求以及新商业模式的出现。光珀智能发现了3D机器视觉科技和产业的发展方向，解决了三维成像技术存在的高成本和低可靠性的问题。在创业资源方面，光珀智能作为全球少数几家拥有固态激光雷达和图像传感器核心技术的公司，拥有大量自有知识产权技术，为其发展提供了强大的技术支撑。在创业团队方面，光珀智能聚集了一批有着共同梦想、能在一起打拼的伙伴，在一次次的市场考验中，不断发展壮大，这也是该案例成功的一大因素。

　　总体来看，创业机会是创业中的核心驱动力，创始人和创业团队共同构成了创业行为的主导者。创业是一个机会、资源与团队三要素共同作用的过程，三者在创业中相互匹配、相互平衡。影响创业成功的要素中，绝对的平衡与绝对的主导都是难以长时间维持的，因为创业是一个动态的过程，不同的要素在不同的阶段会以不同的形式出现，影响企业的发展。

案例九

方琴：快乐创业

一、概述

创业者

方琴，1982 年出生于浙江温岭，浙江大学计算机科学与技术专业本科，浙江大学管理学院管理科学与工程专业硕士，衣邦人创始人、董事长兼 CEO。

方琴是一位 80 后"浙大系"连续创业者，在浙大攻读硕士期间，她创立了杭州清朗翻译有限公司，拿到硕士学位时，公司已连续 3 个月净利润超过 15 万元。曾出书《他兼职他快乐》，分享大学兼职心得，并接受央视专访。硕士毕业后，方琴参与创办卡当网，成为 7 名联合创始人中年龄最小的成员；2007 年底，方琴出任卡当网 CEO。在她的带领下，卡当网重新定位，聚焦于礼品定制服务。到 2013 年，卡当网成为细分行业的 NO.1。2014 年底，方琴离开卡当网，独立创业，以商务男装切入，创立了服装定制平台衣邦人。

组织简介

2014 年 12 月，衣邦人在杭州创立，初衷是推动服装新定制，改变传统定制周期长、价格贵、面料款式不时尚的问题，让定制更加触手可及。因此，衣邦人创新性地在服装定制业引入了"互联网＋上门量体＋工业4.0"C2M模式。

衣邦人采用顾问上门量体的方式，客户可通过衣邦人APP、小程序、公众号及官网等渠道，一键预约专业着装顾问免费上门量体。顾问将上门采集26项身材数据，并根据客户身材、气质，提供专业个性化服装面料、服装款式定制建议和全品类搭配方案。此模式既大大节省了用户宝贵的时间成本，又满足了人们对服装的个性化需求。

同时，衣邦人采用全球面料直采和工业4.0服装工厂直连模式，去除原来产业链中的诸多中间环节，将服装私人定制的价格压缩到传统定制店的30%~50%。和绝大多数采用同级面料和做工的国内服装成衣品牌比起来，更具价格优势和时尚度优势。此外，衣邦人还提供比传统服装定制行业更高标准的365天无忧售后服务，并通过建立完善的客户满意度保障体系，多维度提升用户的定制体验。

得益于商业模式的创新，目前，衣邦人已在全国建立50个直营网点，拥有500+着装顾问团队，为全国150个城市客户提供免费上门量体服务，累计客户近200万，并建立起有320万粉丝的服装定制私域社群，拥有目前国内最大的国人身型数据库。

二、创业历程

言传身教，从小立志成为企业家

面对创业，方琴会首先自己进行审视和定位，挖掘自己的赛道。面对创业中的困境，她也会保持乐观的心态，期盼从跌倒中成长，领悟更多。面对突如其来的危机，她亦会临危不乱，争分夺秒找到突破口。这些美好的习惯和品质不是与生俱来，原生家庭的氛围从小就潜移默化地塑造着这样一位女性创业者。

她的父亲是一位农民企业家，父母经常会在饭桌上交流工作，"客户货物的交付赶不上，分包要注意质量……"那些零碎的细节在方琴的脑海里，是她对企业管理最初的认知。她笑称："原来从小就天天在上管理课。"

环境浸染性格，她心中的创业种子萌发于高中，在大三的时候确定了方向。一心想着创业的她，毅然决然放弃了浙大计算机专业研究生的保送机会，报考了管理学院的研究生。虽然她本科成绩比较理想，但她知道自己不是一个天才程序员。她有一定的战略眼光，擅长财务、营销、整合资源，所以她希望除了原生家庭给予的教育之外，能够接受比较完整的、体系化的企业管理教育。

改变世界，是每一个孩子童年时最"不知天高地厚"、但也最可贵的愿望。方琴在学生时期的第一次创业，随着客户的增加、市场的认可，让她明白孩童时期的愿望是可以实现的，当企业家可以改变世界。

勇敢乐观，创业之火不熄

方琴在读硕士期间创立了杭州清朗翻译有限公司，之后为了实现让生活因定制更多彩的梦想，刚刚研究生毕业的她毅然参与创立卡当网，并在 2017 年底自荐成为 CEO，带领卡当网从 2009 年开始保持每年高速成长，2013 年成交额过 8000 万元。

据方琴介绍，凭借"天时"（正值互联网 web 2.0 风尚和投资热潮）、"地利"（杭州为浙江商业中心，浙商文化在此交融汇聚）、"人和"（主要创始人姚总良好的业内口碑），卡当创业伊始便拿到了 1000 万元的投资基金，于 2006 年 3 月正式成立。

但前一年半因为没有找到产品匹配市场，公司一度濒临倒闭。2017 年底，方琴毛遂自荐成了卡当网的 CEO，第一个任务就是削减产品线，聚焦定制市场，开源节流，以获生机。

经过 6 年的发展，卡当网定位于个性化定制礼品服务，在 C2B 领域创建了基于用户需求为中心的核心优势，大大提升了消费者的购物体验和产品附加值。到 2013 年，卡当网个性化定制的产品线已经囊括 9 大类超千款单品，均可实现一件起订，全国配送。

方琴认为，"个性化定制在互联网领域不仅仅是一个全新的市场，更是一种全新的商业模式。如果这个商业模式做大做强，或许可以改变许多人的生活，人和人之间赠送的礼物可以通过个性化设计与定制来表达特殊的情谊，而每个人的用品都可以更符合自己的独特情感、品位与生活需要"。方琴对于卡当网 C2B 模式的前景非常看好，这也为衣邦人的创立埋下了伏笔。

清醒认识，明确市场定位

在创立衣邦人之前，她对自己进行了这样的分析：具有一定的消费者需求洞察力，懂得互联网营销的基本原理和各种玩法，具备一定的团队管理经验。结合过去的创业经历，方琴认为服装定制赛道比较适合自己，一方面服装零售市场容量足够大，消费者天然追求个性化，另一方面原来主流商业模式存在高库存风险的天然缺陷。

她认为如今 80、90 后一代的自我意识觉醒，他们不再追求标准化，而更注重个性化的表达，这使得"定制"成为撬动市场非常有效的一个关键词。基于过去做礼品定制的创业经验，方琴决定进一步研究服装定制模式，判断这套逻辑在这一行业是否适用。通过调查，她发现服装行业虽然也有很多品类，但生产方式总体相似，可以寻找一个高效的方法来重新定义服装行业的供应链。"制定好自己的商业模式之后，也要设立初期的试验点，测试成功后再进行全面的系统搭建。"确定了目标，选择了行业，接下来需要落实到更加具体的工作中。

分析过当下诸多商业模式后，方琴通过两个问题让自己做出选择。一是哪一种模型更有机会实现自己最初的梦想，二是自己是否具有该商业模式所需的核心竞争力。最终，她决定将衣邦人做成类似京东而非阿里巴巴的完全开放的平台。大规模定制初期的成本和用户体验，使她必须要为平台的产品把关。

接下来，要思考的是"为怎样的人解决什么需求"。通过对各类群体特征的分析，她发现，20~50 岁的商务男性对着装和形象有"得体"的要求，这个要求既不高也不低，非常符合大规模定制的特点，于是方琴决定将客户群缩小为 20~50 岁商务男性。衣邦人应运而生，摒弃了传统定制的门店，采用互联网营销的服务流程，通过线上预约、上门量体、现场确认订单、大规模定制、快速物流，大大减少成本和定制交货周期，旨在通过低于传统定制的价格、便捷的定制流程和较高的品质保证，来吸引客户。

从 0 到 1，杭州孕育了中国新定制

卡当网的创业经历，让方琴深信全民定制的时代即将到来，个性化的需求会日益增长。时间倒回 6 年前，2014 年正是国内创业氛围浓厚之时，方琴结束了上一段的创业经历，准备用互联网思维入局服装定制行业。"你能感知到，杭州的市场是鼓励创新的，杭州人也喜欢尝试新的东西。哪怕力量再弱小，只要是创新的、先进的，都能在这个城市找到发展的空间。"方琴说，"如果离开一个接受创新的市场，创业就会变得很难，尤其是消费类项目。"

杭州丰富的人才资源和良好的政府服务都带给方琴安全感。在人才方面，除了浙大之外，杭州其他的高校资源并不少，人才梯队丰富。在营商环境上，杭州政府有着很强的服务意识。"在衣邦人发展的不同阶段，我们都感受到了不同层级的政府服务。"

方琴说，即使是在创业早期，她也没有觉得特别孤独。相反，她收获了很多感动，总有那么多人会热心地帮助、指导他们。她还记得，衣邦人的第一批天使用户就是她的浙大校友。

在杭州求学创业多年，方琴的创业基因与杭州的创新基因相互契合，而衣邦人便是这种契合的产物。颠覆传统服装定制的商业模式和初创团队的出色实力，让衣邦人很快受到投资市场的注意，创立3个月就快速敲定两笔融资。而在初创期，不少浙大校友积极向方琴反馈改进建议，这帮助衣邦人更好更快地提升了产品和服务品质。

在2020年4月的春季发布会上，衣邦人创始人兼CEO方琴向行业展示了2019年衣邦人取得的成绩：衣邦人2019年销售额提升17%，实现老客复购增长19%，预约客户达到120万。经杭州市人民政府认定，入选"准独角兽"榜单。这代表衣邦人在服装定制市场得到了广泛的认可。

"在过去的5年，衣邦人完成了市场方面从0到1的过程，120万消费者选择了衣邦人。其中，早期客户在很大程度上帮助了公司的成长。从产品设计、服务规范到供应链把握，其实在整个链条上都非常感谢早期客户的信任和理解，包括不断提出的改进建议。"方琴说。

在供应链端，衣邦人在服装定制行业坚持单人单版定制，并率先推动供应链整合与数据赋能。建立供应链标准，推动西服定制生产线普及，推动休闲品类定制行业演进，这是衣邦人在供应链端的从 0 到 1。面对这样的成绩，方琴再次强调了一个词——"命运共同体"，她强调衣邦人的"逆袭"离不开政府、行业、供应链和消费者的鼎力支持，唯有共同努力，彼此依靠，才能战胜困境，勇立潮头。

从 1 到 100，满足对渴望的挑战

"Stay hungry，stay foolish." 这是 2005 年乔布斯在斯坦福演讲中给毕业生的赠语，也是他的自我期许，这恰恰是方琴最佳的写照。她的"hungry"，是迫切求知的渴望，是面向未知的探寻以及把事情做好的决心；而她的"foolish"，是恪守初心的执着，是笃行致远的坚定。这是实现梦想最简单的原则，也是一种永不懈怠的生命状态。

同样是在 2020 年 4 月的春季发布会上，她表示，接下来的 5 年，希望公司的发展速度可以再加快，"在中国，我们有 1.2 个亿的目标客户，服务好现有的 120 万客户，再去争取更多客户的青睐，将是一个从 1 到 100 的过程"。而衣邦人的脚步也不会放慢，将实施更积极的市场策略。

同年 9 月，衣邦人发起了一场定制文化的盛宴——第三届 99 定制节。2018 年，衣邦人初次推出 99 定制节，获得了良好的客户反响。2019 年，第二届 99 定制节在力推多项定制优惠的基础上，更着力打造服装定制文化体验与分享平台，让更多消费者了解、熟悉进而青睐定制服务。

随着 99 定制节的影响力不断扩大，大量消费者开始了解和认同服装定制，涌现出越来越多的拥趸。今年的 99 定制节，方琴希望能够更好地普及定制，拉近定制与消费者之间的距离，并呼吁全行业一起来造节。

为此，衣邦人邀请了分众传媒创始人兼 CEO 江南春、浙江大学管理学院院长魏江、亿邦动力董事长郑敏、风和投资董事长吴炯等 500 位行业榜样，为 99 定制节送上祝福，携手开启定制潮流盛典。

"穿战袍，赢 2020"，衣邦人喊出了一句霸气的口号。如果说白大褂是医生的战袍，队服是运动员的战袍，那每一位职场人士的战袍，就是一件得体的西装。而这个创意，源于方琴的亲身体验。"每次要参加活动，或者出席发布会等重要场合，就会换上西服，像是要披挂上阵。"她笑着说，"相信很多商务人士、政界工作者也会有这种感觉。"

至于"赢 2020"，她解释："2020 年对所有人来说都是很魔幻的一年。必须得承认，不管怎么样，疫情还是给大家带来了一定的创伤。所以希望每个坚守城市的个体，能在时代的浪潮下依旧保持真我与自信，在更大的挑战和机会面前，打起精神，为 2020 年努力奋斗。"

自第三届 99 定制节开始，衣邦人承诺每一笔有效订单都将为衣邦人"蓝房子"公益阅读项目提供资金支持。在 99 定制节公益之夜，衣邦人通过公益拍卖环节，与嘉宾共同感受公益的力量。

2020 年的 99 定制节，衣邦人推出了 AI 定制新品买一送一、战袍系列新品 8 折等优惠活动。而 AI 定制，是衣邦人数字化的一次升级。用户不需要预约上门服务，在衣邦人的 APP 里就能轻松体验智能化定制。

与此同时，衣邦人还推出了 AI 定制终端设备，目前已经在成都和重庆两个首发测试城市落地，走进了 100 多家健身房。用户可以通过自助量体，查看身材数据报告，选择自己需要的品类与款式。

成功不是偶然，不浪费每一次危机

对于创业者来说，危机可能比机遇出现得更频繁，如何面对危机和如何抓住机遇一样重要。在许多人眼中，面对危机时想到的是如何尽快渡过，而有人在面对危机时则看到的更多。衣邦人的成功不是一帆风顺，方琴的创业也不是一帆风顺，每一个坎都可能致命。面对危机，方琴永远在解决问题的过程中，不断完善自己的商业模式。

供应链危机，衣邦人加速供应链赋能

2018 年初，衣邦人遭遇了史上最大程度的爆单危机，从 1 月一直持续到 10 月才逐渐恢复。客户需求飞速增长，达到去年同期的 3 倍，而原有产能跟不上，导致产品交货期出现不同程度的延迟，从起初的 7 天收货，到最长要等待两个月。工厂无法按期发货，

大批的订单被迫撤回、转单。屋漏偏逢连夜雨，衣邦人最大的供应商突然断供，除了最直接的订单流失、延时交付，衣邦人当时最担心的是失去客户的信任。

面对危机，方琴及时和团队研究解决方案，提出了三步走策略。

短期：对外安抚客户，进行订单分流，对内稳定军心。

中期：整合新的供应商，快速结盟，放宽付款政策。

长期：连接更优秀的面料供应商，加大研发投入，为供应链赋能。运用 SaaS 技术赋能线下工厂，让产能提升 10%~15%，让辅料更个性化。

供应链暴露的问题差点让衣邦人一蹶不振，但这加强了方琴解决供应链问题的决心。之后无论是投资入股工厂还是通过衣邦人云裁剪系统普惠制衣厂，这些举措都为衣邦人的供应链打下了基础，也撑起了衣邦人全国 50 个直营网点、160 万客户的定制需求。

疫情危机，衣邦人三步走完成逆势上升

说到危机，2020 年突如其来的疫情让整个市场都受到了重创，尤其是纺织业和服装业。疫情之下，不少服装企业面临库存压力和销售困境。不少企业努力求变，不少企业尽力破局，疫情让整个春天显得不那么真实，甚至有些诡异。作为国内服装定制行业领军企业，衣邦人不仅实现颓市逆袭，还迎来不少"高光时刻"。2 月份，复购业务同比增长 130%；3 月份，实现全员涨薪（排除绩效评估不合格的末位员工）；4 月份，第一周业绩环比

增长 110%，对一年期以上及突出贡献员工完成股权激励。这份成绩单或许让不少人艳羡，而创始人方琴则庆幸自己的团队做对了三件事。

首先，开源节流，守住基本业务盘。第一，最大化挖掘老客户需求。早在 1 月 30 日，衣邦人内部就组建小分队，对老客预售活动进行策划和准备。之所以进行这一超前部署，也是基于销售端的反馈。而也正是这一超前的部署，帮助衣邦人在 2 月份疫情爆发的时期实现复购业务同比增长 130%。第二，快速推进新客户拓展。衣邦人 IT 团队通过异地居家办公、远程开发等方式，测试并上线了一系列针对新客人获取的工具。其中，置衣卡项目从零开始立项到产品正式上线，整个开发周期压缩至不到 5 个工作日，从 2 月 14 日推出到 3 月 31 日，贡献 2500 万余元销售业绩。第三，在保障安全的前提下，积极复工复产和布局产能。为了保障客户体验，及时解决客户售后问题，衣邦人最先完成的是售后业务模块的复工。同时，企业也时刻跟踪上下游工厂的复工情况，一方面将部分订单转移至疫情影响相对可控的北方生产商，另一方面在 2 月初开始安排分管供应链人员每天跟踪供应商的复工情况和复工需求。2 月 3 日就有 3 家供应商开始安排发货，大部分供应商在 2 月 9 日前后陆续实现复工。

其次，稳住军心，及时开展团队激励。作为一个连续创业者，方琴最美好的品质就是乐观，"悲观者往往正确，乐观者往往成功"，这是衣邦人方琴经常挂在嘴边的一句话。对于很多疫情期间负重前行的企业来说，这种管理者品质显得更加重要。在团队前途遇到挑战时，乐观积极的态度可以给团队成员很大的鼓励。

同时，团队激励不仅是在精神层面，还有务实的举措。在国内相当一部分企业疫情期间阶段性调整员工薪酬的情况下，衣邦人在自身能力范围内对全体员工薪酬进行提升，这在服装行业乃至民营企业圈是相对少有的。而在涨薪政策公布后不久，衣邦人人力资源团队又紧锣密鼓地开展针对一年期以上及突出贡献员工的股权激励。种种举措，不仅保障了员工收入稳定，让员工工作无虞，更是犒赏了长期忠于企业和在疫情期间相伴相守的同事，增强了团队凝聚力。

再次，品牌占位，聚焦品类和市场打法。尽管 2020 年受到疫情影响，服装行业出现一定程度的滞涨，但大众置装刚需以及复工带来的商务装购置需求，都在危机之后给服装定制业带来了一定程度的利好。为此，方琴与衣邦人销售支持团队，在原有"上门定制就叫衣邦人"的基础上，推出了全新消费主张"西服就定衣邦人"，将商务定制与更大的商务置装市场需求结合起来。这项举措的积极效应也在逐渐显现。透过这一消费主张，部分消费者开始逐渐了解商务置装，除了成衣还有定制这一选择，定制西服更合身、更得体，且兼具性价比和便捷性的优势。

同时，衣邦人也为这一新的消费主张匹配了更大的推广宣传。在加大原有线上投放的同时，也与国内最大的电梯媒介供应商分众传媒展开紧密合作，陆续在包括北京、上海、杭州在内的 34 个城市上线相关广告，向消费者推介衣邦人的产品与服务。目前看来，市场给出了正面反馈，3 月下旬到 4 月上旬，衣邦人的总业绩实现了同比增长，非常难能可贵。

三、创业总结

方琴认为，在追寻梦想的道路上找到真正适合自己的工作很重要。对于梦想要足够热爱，对于目标要足够渴望，才能在遇到瓶颈和困难的时候坚持到底。"创业者，最重要的是要有一股创业的激情，而且让它永远燃烧。"不辜负创业的热情与激情，步履不停，创新不止。在每一个今天超越过去，用每一个今天刻画未来，或许这就是衣邦人的魅力、方琴的魅力。

四、案例点评

从小家庭环境的耳濡目染，成为创业者的第一堂创业课，这是创业者明确自我认识的最初阶段。在学习与成长中，创业者应始终保持乐观向上的精神，通过一次次的创业来寻找真正适合自己的事业，同时也在一次次对目标的追求与实现中，加强对自我的认识。在此过程中，创业者对自己的能力、责任、目标和定位都有了更为清晰的认识，从而促成了创业的成功。

一般来说，创业过程受到个人行为、内在因素和环境因素三者的共同影响。在这三者的交互机制中，由人的因素构成的自我系统尤为重要。个体对自己是否能够完成某个任务所具有的能力判断、信念和主体自我把握与感受就是自我效能感。我们可以看出，自我效能感是一种主观感受，这种主观感受能够影响创业者对任务目标的投入程度。具有较高自我效能感的创业者会在创业中投入更多的精力与资源，相应地也会为自己制定较高的目标，从而在这种目标的激励下，带领企业创造更高的绩效。

同时，自我效能感也是创业者的一种稳定特质，不断的努力能够让这种特质发挥更大的作用，使其成为推动企业创新、资源整合、机会识别、产品服务开发的有效手段，对创业者能力的成长和企业的成长都有着积极的影响。

案例十

王旭龙琦：从篮球场走来的创业者

一、概述

创业者

王旭龙琦，博士，利珀科技创始人兼总经理。毕业于浙江大学光电系，宁波永新光学有限公司企业博士后，曾多次主持和参与国家、浙江省重点课题研究，包括大范围大尺寸高速原子力显微镜系统设计及开发、新型光热微驱动器设计及研发、金属材料光致表面波的研究、基于光子晶体微结构的色彩调控技术等。浙江大学优秀博士毕业生，第二届教育部创新创业英才奖获得者，浙江省科技 A 类人才，创新创业领军人才。

在校期间曾担任浙大篮球队队长，在浙大球队 4 年沉寂之后，带领球队以全胜战绩夺得五连冠。王旭龙琦在浙大篮球队待了 9 年，当了 5 年的队长。打了 9 年 CUBA，这样的人历史上只有两个，后来组委会改变了规则，球员只允许待 5 年。2012 年王旭龙琦成立了杭州利珀科技有限公司，2014 年带领利珀正式进军机器视觉工业检测领域。仅 6 年时间，杭州利珀科技从一个数十人的团队，成长为销售额近亿元的创业公司。公司的创始人、董事长王旭龙琦也完成了从浙大篮球队队长到科技公司 CEO 的角色转换。

企业简介

杭州利珀科技有限公司是一家专注于机器视觉工业检测解决方案的高科技公司。公司以自研光学成像系统、机器视觉算法和图形化算法集成开发平台为技术核心,为制成过程中的产品质量监测、生产流程追溯、制造工艺优化和高精度机械定位引导提供解决方案。

公司目前拥有员工近 200 人,其中博士 6 人,硕士 26 人,研发人员占总人数 40% 以上,拥有 2000 平方米研发场地、3000 平方米生产场地。利珀视觉检测研发中心于 2020 年被评为浙江省企业高新技术研究开发中心,每年投入千万元以上进行视觉检测产品的研究开发。其中利珀自研的晶硅电池缺陷检测系统是国内唯一全系列视觉检测解决方案,而平面材料表面缺陷检测仪更是国内唯一可应用于高端偏光片检测的设备。客户包括三利谱、奇美、盛波等业内知名企业,帮助工业厂家实现"机器换人",助力产线质量体系的架构,推动高端行业国产化进程。

二、创业历程

技术落地,农民房内研发的第一台设备

2004 年夏天,王旭龙琦考上浙江大学,正式入学浙大信息学

院，2008 年保送光电系光学工程专业，进入国家光学精密仪器重点实验室。随着不断的学习研究，他发现在实验室内，科技没有很好地转换为生产力，很多优秀的技术只能留在论文里、报告里，却不能落地。不能眼睁睁看着宝贵的技术困在象牙塔里，他要在这方面做一些尝试。就在王旭龙琦考虑如何将实验室技术落地，给社会带去真正的用处时，另一个人出现了，他就是同在浙大校队的经管系的白云峰。白云峰在一次去浙江浦江一家平面片材企业调研的时候发现工厂内一半生产线都无法开工，因为产品检测费眼力、耗体力，愿意干这活的工人越来越少，产量受到了限制。招工难，成了阻碍企业发展的最大难题。于是，白云峰找到了王旭龙琦，想要尝试通过王旭龙琦光学方面的知识去解决这一问题，让机器来代替人的眼睛，用"机器换人"来解决这个困境。在两人实地考察完工厂的情况后，当即决定做！

两人在浙大玉泉校区的青芝坞租了一处 10 平方米的房间，开始了"机器换人"的第一次尝试——片材自动检测机。终于有机会将自己所学运用到实际生产中，他们被激动亢奋的情绪支持着，每天都工作十几个小时。除了光学以外，王旭龙琦还自学了算法、软件、电气、机械等方面的知识。也是在那个时候，王旭龙琦利用在篮球校队结识的不同领域的学长学弟资源，召集了一群志同道合的朋友，组成了最早的研发团队。不断的尝试摸索，不断的失败重来，终于，第一台检测设备在农民房中诞生了。设备在浦江的这家企业上线的第一天就大获成功，并因为这台新装备可以给出标准的检测报告，让对方企业拿到了 200 万美元的外贸订单。首次尝试就取得如此大成功，让这个年轻的团队异常兴奋，他们真的能改变世界吗？

然而改变世界的梦刚开始，问题就接踵而来。因为他们只是个团队，没有办法对公打款、开票，后续的订单被延迟了。是不是可以成立一家公司？王旭龙琦第一次开始考虑创业。在咨询浙大创业办老师后，王旭龙琦决定注册一家公司，2012 年 5 月，杭州利珀科技有限公司在良渚产业园正式成立。当时的利珀还仅仅是一个为了走账、开票的工具，没有人深入思考创业的意义。

迁址青山湖，进一步机器换人

时间转眼到了 2014 年，这两年王旭龙琦并没有把经营利珀当成个人未来的发展方向，利珀仅仅是他简历上的一条经历。直到 2014 年 11 月，他以利珀科技的名义参加了一场由杭州临安青山湖科技城主办的"创新创业项目"大赛，"基于计算机视觉的产品表面特征检测及智能分拣 / 搜索系统"项目被评为 A 类项目，并获得"四个 600 万元"引才支持（即 600 万元创业启动资金资助、600 万元入股投资、600 万元政府创业投资、600 万元贷款全额贴息）。那一刻，王旭龙琦终于开始认真思考创业之路："既然机器视觉的市场如此之大，而我们又拥有这么优秀的技术，为什么不多做一些尝试？而且随着互联网浪潮的袭来，越来越多的工科人投身互联网，作为老牌工科学院毕业生，更应该为工业发展贡献一份力。"

2014 年 12 月，杭州利珀科技有限公司正式迁址至临安青山湖科技城，在离浙大紫金港 30 千米的科创大楼，紧邻当地的产业区块，建立了公司总部。随后他通过浙大球队的资源，多方联系，组建了一支集合光学、算法、软件、机械、电控人才的专业研发团队。

至此，利珀科技正式开启了机器视觉工业检测的探索之路。

危机袭来，对手恶意竞争，核心成员出走

创业之初，借着国家大力鼓励大学生创业的东风，利珀可谓顺风顺水，成功签下了胶囊检测、金属罐检测、平面材料检测等不同领域的多个订单，拿下了近千万元的 A 轮融资，也获得了"青蓝企业""杭州大学生创业优秀企业"等多个荣誉。但好景不长，因为对现场环境和行业了解得不够清晰深入，利珀研发的检测设备在客户工厂验证时，出现了很多未知的问题，产品面临被退回的风险。屋漏偏逢连夜雨，因为商务关系的欠缺，利珀筹备多时、投入大量人力物力研发的桶面料包漏投检测设备在投标时输给了一家产品不及利珀的公司。面对突如其来的问题公司几个核心成员经受不住压力，选择了离开利珀。

现场问题频发、重点布局产品错失大客户、核心技术人员离职，一个又一个问题，让王旭龙琦感到了无力感和挫败感。利珀的未来究竟何去何从？

明确目标，行业抉择

当时利珀的情况不足以支撑这么多不同行业的视觉检测研发，经过几个日夜的反思之后，王旭龙琦终于找到了关键问题。前期为了签合同，利珀都是客户有需求就接，从未对行业有深入调研，几十个人的团队要负责近 10 个不同业务领域的同时开发，本就是天方夜谭，再加上对行业现状和产线环境不了解，导致在实验室能顺利运行的设备到了现场却问题频发。"利珀当前最应该做的是对行业的筛选，明确自己到底该做什么。"

选择要做什么很简单，但选择不做什么却并不容易。在对现有几个行业领域的深入研究及市场分析调研后，王旭龙琦带领利珀开始做减法，毅然决然地砍去了几个已经研发到一半的项目，最终选择了新能源光伏行业、新材料薄膜行业、食品包装行业以及汽车轮毂行业作为利珀四大主营业务方向，开始在产品的深度上做更多的技术研发。在对行业做减法的同时，王旭龙琦开始对人员做加法。首先就是核心技术人员的扩招，低谷时期关键人员的流失让他感到异常沮丧甚至愤怒。但渐渐地，他意识到一个企业的发展必然会面临成员的变动，每个人有不同的抉择，企业的发展与个人的追求存在差异，不能强迫他人的认可。只有在不断的来来往往中，才能找到和企业"三观"一致的成员，为了一个目标而共同努力。

接着就是建立专业的销售团队，利珀的初创团队虽然都是由浙大高材生组成，但基本都是刚毕业或未毕业的学生，加上成员都是专业技能类人才，并不擅长商务销售，只会埋头做研发，这对利珀整体市场的开拓与商务关系的对接非常不利，也因此丢失了不少订单。利珀要扩大销售团队，力求在深耕技术的同时，加强对市场商务的开拓，与竞争对手展开良性竞争，共同促进行业的发展。

免费试用，打开市场局面

虽然利珀进行了一系列的战略调整和人员扩张，但市场的开拓步伐仍前行缓慢。国内机器视觉检测行业起步较晚，当时的市场几乎被国外产品垄断，所有人都认为国外机器视觉厂家资金实力雄厚，经验丰富，产品性能更好，除了一些小型生产厂家因为价格会选择使用国产的检测设备外，大型企业为了稳妥，不愿意尝试新兴企业的产品。

在利珀的市场战略中，首先需要进入行业头部企业，自上而下地打开市场局面。但现在头部企业进入不了，这个战略就无法实行。如何打破市场僵局，成了利珀当时的重中之重。"硬推策略不行，那就免费试用。"为了打开市场，利珀选择免费试用，满意后再转销售。虽然前期会有大量的人力及资金投入，但在当时这是唯一的方法。但即使是免费试用，很多客户也不愿意给机会，因为一旦设备出问题可能会影响整个生产线的产能，采购人员不愿冒险。"那个时候销售人员几乎是每天追着客户跑，抓住一切机会去推试用方案。"

皇天不负苦心人，终于有企业给了利珀一个试用的机会。为了把握这个机会，利珀所有的人员，不管是研发、销售、供应链还是后勤支持人员，都开始加班加点，就为了尽快完成产品的安装试用。在产品运行期间，利珀的研发人员和技术支持人员均在现场 24 小时待命，确保现场问题能在第一时间解决。这一次利珀不能有任何失误，一旦失败，后面想要再找一个机会只会更难。

幸运的是利珀成功了，这台试用设备在客户现场无故障运行了半年，所有检测数据都能媲美国外设备，达到了客户的要求。客户当即就将试用合同转成了销售合同。有了这样一个完美的案例，利珀终于成功地跻身机器视觉工业检测领域。

首签大单，开启利珀新篇章

经过 2 年的技术沉淀与市场精耕，2017 年，利珀迎来了第一次事业井喷期。销售额涨幅首次超 400%，检测设备销往全国各地，为众多工业企业带去变革。公司总部搬至 2000 平方米的五星级写字楼，设立 1000 余平方米的制造中心。员工数量破百，其中研发人员占比超过 60%。利珀拥有了更强大的研发团队、更专业的售前售后支持。

这一年，利珀重点部署的平面材料表面缺陷检测系统和晶硅电池表面缺陷检测解决方案也得到了长足的发展，设备在经过多次免费试用后，终于被客户认可。仅 2017 年一年，利珀就为近百家企业提供了视觉检测解决方案，其中 23 家上市企业、2 家大型央企。2017 年底，利珀更是一次性和宁波一家膜材企业签订了近千万元的购销合同。这是成立以来利珀第一次签订如此大金额的订单，这一刻，所有的努力与付出都得到了回报。诚如王旭龙琦在写给所有利珀人的邮件中所说："对于未来，从未像今天一样自信。因为利珀拥有的，很可能是机器视觉业内最有前途的团队，这支团队在项目中面对需求的频繁变更，面对客户的苛刻压价，面对原材料成本的异常上涨，面对合作方的无端冷漠，面对同行的超低价竞争，面对因为各种原因造成的超长项目周期，都能竭尽全力、沉着有效地应对，并最终取得了一张张单薄而又有分量的验收单。"

行业巨变，何去何从

正当所有利珀人斗志昂扬，憧憬着利珀辉煌的未来时，一个重磅消息的发布给整个利珀来了当头一棒。国家从 2018 年 5 月 31 日起，将控制光伏建设规模，再次降低电价及补贴。政策一出，整个光伏圈掀起了轩然大波。新政出台后的第一个交易日，光伏上市企业股价集体受挫。A 股市场上的隆基股份、通威股份、阳光电源、中环股份等股跌停，不少小型光伏企业面临破产风险。光伏行业的高速发展戛然而止。

光伏行业本是利珀重点关注布局的领域，在原本的计划中，光伏将作为利珀发展的重中之重，占公司 50% 的销售额。然而政策一出，所有的计划都成了泡沫。是去是留，王旭龙琦又一次面对着艰难的选择。

2014 年利珀第一次接触光伏领域，2015 年第一台晶硅电池色差检测仪面世，然后利珀开始不停地研发迭代，推陈出新，终于在 2017 年将包含色差检测、丝网印刷检测、碎片检测、成品分选在内的一系列晶硅电池检测设备全面推出市场并获得了客户认可。这些年付出的精力不足为外人道，现在放弃就等于几十人的努力都打了水漂。但如果留下，未知的市场环境，谁也不能预测未来的发展，也许投入更大的人力物力后依旧还是失败。然而这一次王旭龙琦并没有犹豫太久，在和业务线的负责人开会讨论后立即在利珀官方平台发布声明："光伏行业是国家发展战略的重要组成，利珀持续看好清洁能源行业的前景与发展，利珀拥有专业的技术研发团队，不会停止对先进视觉检测技术的追求，将持续支持和服务众多光伏企业，为中国光伏事业变得更好贡献自己的力量。"丝毫没有犹豫，这一次他坚定地选择了光伏这个行业，因为相信，所以看见。也许未来有艰难险阻，但一旦选择了这条道路，便不会轻言放弃。

"企业要的不是短期利益，要看长远发展，一个能持续经营和沉淀的企业才能做更多的事。"如他所说，新政的出台没有打压利珀，反而给了利珀破釜沉舟的机会。2017 年下半年，在经历一系列的市场动荡后，光伏行业终于回暖，利珀凭借在新政期间潜心的技术开发，成功将 AI 技术注入产品端，让检测设备模拟人脑，赋予设备以智慧，不断逼近人工。利珀从根本上解决了因为视觉厂商和设备厂商对标准定义的不同造成的设备无法验收的问题。此外，利珀在产品中新增数据报表系统，提供移动端数据查看功能，为工艺流程的反馈提供数据支持。

这一战后，利珀终于在光伏行业站稳脚跟，2018 年度，利珀销售额再次实现近 400% 的增长。同年，利珀与前海众微资本管理有限公司达成战略合作，完成 5000 万元的 A+ 轮融资。

坚持理念，从定制化到通用化

2019 年底，随着市场对机器视觉工业检测需求越来越迫切，利珀重磅推出了通用机器视觉开发平台——"灵闪"。这一产品不同于利珀以往的定制化解决方案，这是一个通用化的视觉检测平台，是从利珀科技诸多成功解决方案中提炼而成的，将数千个算子组合成近百个核心的算法工具，用户无需编写任何代码，只需通过"拖""拉""点"将各种算法工具进行组合，就可以实现各种视觉检测任务，简化机器视觉系统实现的复杂度，解决项目开发周期长、人力物力成本高的行业痛点。

这也是利珀后期的一个重要发展方向，定制化的产品固然更适合当前国内企业的现状，但面对愈加急迫和多变的开发需求、愈加丰富的机器视觉应用场景、愈加强烈的视觉与控制技术融合，定制化的开发根本无法满足市场的需求，利珀要做的是将产品从定制化向通用化转变。目前该产品已经在光伏、3C、纺织、食品、汽配等多个领域得以应用。

未来利珀将继续对机器视觉工业产业链深度布局，进一步丰富产品线和产能建设。加大对技术的研发与创新，把专利战略贯穿于公司技术研发、生产、经营和管理等各个环节，把技术优势转化为市场优势，用产品说话，以技术取胜。

自主研发，助力中国工业 4.0

随着自身业务的发展和对行业研究的不断深入，利珀在几个细分领域都取得了不俗的成绩。在其主营的太阳能晶硅电池检测解决方案上，利珀是目前国内唯一可以提供全流程视觉检测设备的公司，包括 PECVD、丝网印刷、石墨舟、碎片、PL、SE、花篮、终品分选等数十个工艺段的专用检测设备，几乎占据了 70% 以上的光伏市场。在膜材检测领域，利珀是目前国内唯一高端光学薄膜供应商，其产品直接对标日韩设备，现已在国内几大偏光片上线，打破了高端膜材被国外检测设备垄断的局面，加速了膜材行业国产化的进程。

利珀的产品为众多工业企业带去了变革，除了最基本的替代人工、帮助企业"机器换人"、减少成本外，也为生产线提供工艺反馈的数据支持，助力企业完善整个质量体系，推动中国工业4.0 的进程。"教机器看懂制造，让身边人变得更好"，利珀一直在自主研发的道路上狂奔，致力于为工业企业提供智能化、通用化的视觉检测设备。

利珀科技始终不忘初心，砥砺前行，力争做到三个更好。让客户因利珀更好，他们提供优质的产品、专业的技术、贴心的服务，让所有客户都能因使用利珀的设备而变得更好；让同事因利珀更好，他们提供适合的发展平台、充分的展示舞台，让所有利珀人能因利珀的工作而变得更好；让供应商因利珀更好，他们努力成为优秀的企业，与供应商达成稳固的合作关系，一起努力奋斗，让行业变得更好。正如利珀的 logo 一样，一个奔跑的小人，头部是一只大眼睛，这象征着公司机器视觉方面的业务；用电路的元素画出双手双脚，小人奔跑在一条"leap"（跨越）的道路上。

三、创业小结

篮球场上得来的管理哲学

在王旭龙琦看来，企业就像一支篮球队。球队的竞争力，来自不同球员的排列组合，将每个人的优势发挥出来，最终才能赢得比赛，"没有团队意识的球员，个人能力再强，都难以赢得比赛"。在采访时王旭龙琦说，曾经在创业课堂听过三句话，未来不会有公司，只有平台；未来不会有老板，只有创业领袖；未来不会有员工，只有合伙人。

篮球队给王旭龙琦带来了什么？曾经有位大哥说企业像一家人，大家和和睦睦。后来他仔细一想，觉得不对，企业应该像篮球队，强调的是合作关系，而不是血缘关系。他和同事们只是在固定和短暂的时间形成了一种合作关系，不是长久的，未来大家会向更高的平台发展，他的目标就是将大家带向更高的平台。

王旭龙琦把自己定位为组织后卫，组织后卫就是别人能得分的时候，你一定要把球传给别人，没有人能得分的时候，你能来致命一击。组织后卫是球队的大脑，需要把球分给队友，就像一个管理者，通过别人完成自己的任务。组织后卫一场比赛可以不得分，但必须要有十几个助攻；管理者也是这样，应该具备传球、助攻的能力，应该培养手下去得分。

队长和领袖

企业需要一个领袖。管理者和领导者是两个概念，管理者要求做事不要过界，领导者则要打破边界。篮球队长就相当于领袖，需要做打破规则的事情。

战术和人

王旭龙琦在浙大篮球队的时候，经常给本科生比赛设计战术，当他看到学弟们连空篮都进不了，就发现没办法设计战术。战术是基于球员能力来实现的，战术设计再好，能力不行也没用，战术是围绕人的。企业也是这样，不管企业战略多高，组织架构怎么样，内部制度怎么严密，若员工能力不够，也是没有办法的。

执行力是个伪命题

没有所谓的员工执行力，只有真正的领导力。领导力就等于企业的执行力，领导风格决定了企业的执行力。

最为重要的素质

不管是创业还是做其他事情，首先要有一颗冠军的心。王旭龙琦经常跟同事讲，不要低估一颗冠军的心。利珀的目标就是赢，首先在态度上对结果要有无限的渴望。在做一件事情之前，问自己想得到什么结果，并要有信心一定能完成。

学习和自学能力

王旭龙琦以前上课不多，都是靠自学，在工作中也一样，没有人有义务去教会你什么，大家需要靠自己。以后工作和自身专业可能不相关，需要很强的自学能力。

责任和诚信

答应别人的事情一定要做到，言出必行，无论是创业还是做其他任何事情，这是最基本的素质。

四、案例点评

企业家的领导力对企业成长有着重要的影响。在一定程度上，本案例中的科技型企业从出现、扩张再到如今成为行业领军，各个方面都受创业者的影响。曾作为篮球队长的创业者，从带领球队的经历中总结了一套管理经验与心得，对场面与局势的掌握力，还有自身独特的人格魅力，这些都可以概括为企业家的领导力。创业者的领导力不同于一般的领导力，它要求具有识别、发展、完善企业现有资源，对产品进行重新整合的能力，尤其在企业的初创阶段，这种领导力对核心团队的建成与稳定、企业战略的规划、核心竞争能力的提升都有着非常重要的影响。

此外，在这个案例中我们还可以看到核心团队的流失是企业发展中的重大损失。初创期的企业稳定性相对较差，最可能发生的就是缺少愿景，一个缺少愿景规划的公司是无法为员工提供未来蓝图的，员工看不到未来就容易对公司失去希望。还有就是初创企业也容易造成人员的流失。即使人格魅力很强的老板，魅力仍然不能取代制度，一套规则清晰、执行有力的管理制度才是团队稳定的最大保障。

<h1 style="text-align: center;">案例十一</h1>

<h1 style="text-align: center;">陈博：满腔热情向前进</h1>

一、概述

创业者

陈博，毕业于浙江大学计算机系，连续创业者、知名投资人、妙聚董事长、乐港创始人、游侠汇创始合伙人，浙江省民盟青年委员会副主任、中国网页游戏协会副会长、浙江省游戏协会会长。

中国著名的游戏制作人，主创的《热血三国》系列游戏是中国网页游戏的开山之作，同时也是中国策略游戏的代表作品，远销全球 20 多个国家和地区，总用户超 2 亿，总流水超 30 亿元，12 年来经久不衰。

过去 5 年，陈博领导的游侠汇创投积极布局文化产业，先后投资绝地科技、圣剑网络、众策文化、达趣科技等知名企业，单项目回报率最高超过 100 倍，整体实现 5 年 10 倍的回报。

公司简介

妙聚网络科技有限公司成立于 2013 年，是一家以互联网文化传媒为主业的科技公司。妙聚获得了国家队的大力支持，招商局和电广传媒共同投资 8 亿元；2019 年，收购韩国 KOSDAQ 上市公司。

公司旗下拥有"妙聚游戏""优思行""07073"三大品牌。总部位于中国杭州，在北京、上海、广州、深圳、成都、沈阳等地拥有分支机构，在新加坡设有海外总部，并在首尔拥有一支运营团队。

公司以"点滴快乐，妙聚于心"为理念，积极推动游戏的全球化发展，陆续成功推出《热血三国》系列、《皮皮虾传奇》、《神兽养成记》等多款知名游戏。妙聚围绕优秀 IP，打造小说、电影、游戏、动漫等文化产品体系，依托 IP 联动，塑造全球经典的中国品牌。

公司曾登上 2020 年杭州准独角兽企业榜，曾获 2019 年金手指优秀企业，还获得过中国游戏产业年会特别奖、十大最受欢迎网页游戏奖、第三届中华优秀出版物提名奖，以及"中国十大最受欢迎页游"金凤凰奖、中国游戏十强"中国十大最受欢迎页游"、中国游戏十强"最期待网页游戏"等多项奖项。

二、创业历程

创业缘起：买房 + 热爱

很多人可能会觉得选择创业这条路需要经过深思熟虑和反复推敲，但其实，陈博当初选择创业的想法是很简单的，就是为了买房子。2003 年，陈博大学毕业就打算在杭州"安营扎寨"，买一套属于自己的房子。可是，当时的房价已经超过 5000 元 / 平方米，虽然现在回过头看算便宜，但在当时，对于这个刚刚踏入职场、月薪 4000 元的新人来说，不吃不喝至少也需要 10 年才能买得起杭州一套房子。于是他开始思考是不是应该想办法赚点钱来改善生活，这是他当初选择创业最原始的原因。

另一方面，短暂的工作经历也助推了他想要创业的冲动。大学毕业后的第一年，他进入了 UT 斯达康公司。虽然现如今 UT 斯达康已鲜为人知，但在当年，却是中国通信领域首屈一指的大公司，可以说是杭州 Top 1 的大企业，其规模一度超越中兴、华为，红遍全球的小灵通就是 UT 斯达康公司制造的。

在 UT 斯达康工作期间，他遇到了不少当今互联网领域的大佬级人物。有一天，公司创始人大胡子老板吴鹰、合伙人陆弘亮陪着一个个子小巧、但气场十足的中年男人参观他所在的研发部，原来这小个子中年人就是新一轮投资 UT 斯达康的日本软银老板孙正义，在其身后陪同考察的，是当年同样寻求投资的"外星人"马云。

当时，在 UT 斯达康工作，是一件很让人艳羡的事，不仅工作环境优越，而且薪资在当时也属同龄人中较高的。但这一切的"安逸"，依旧按捺不住陈博创业的心。有一天他突然察觉，身边一名四十出头就已谢顶的工程师，日复一日做着"机械"的工作，仿佛从他身上看到了几十年之后的自己，想到自己今后几十年如一日的重复劳作，这种一眼看到头的感觉让他感到不安。

综合以上两点原因，他毅然辞职，不想过如此循规蹈矩的生活，决定靠自己闯出一番事业，改变自己现阶段固化的生活。

动力之源，因为"热爱"

在确定了自己内心的想法之后，陈博遇到了一个新问题。创业，到底应该做些什么？有些人或许会选择赚钱的项目，有些人可能会选择热门的项目，而陈博却选择自己热爱的东西。因为陈博知道创业是一个极其艰难的过程，途中会遇到很多困难和阻碍。如果不是从事自己所热爱的事情，那会很难坚持下去。很多时候就是这样，越是听上去虚无缥缈的东西才越长久，反而听上去很现实的东西并不长久。陈博选择了做游戏这条路。陈博可以称得上一位资深游戏用户，虽然游戏打得不精，但是玩过很多。陈博从四五岁就开始接触游戏，亲历了整个游戏行业在中国的发展历程。从早期美国雅达利游戏，到后来日本的红白机、PS、switch 等产品，他基本上经历了电子游戏发展的每一个阶段。对于电子游戏的热爱一直坚持到了今天，这也是陈博创业的动力源泉。

除了对游戏的热爱，陈博对于创业这件事也充满着原始的激情。他不是一个循规蹈矩的人，是一个爱折腾的人。大学时期，别的同学都在自修室认真学习，他却折腾出了很多事。例如，1999 年，当"球面晶体管"台式电脑还属"高科技奢侈品"的时候，陈博依靠自己的专业优势，创立了浙大校园内首个电脑协会。同时，他还主动请缨，替计算机系做了首个"动态官网"，运用编程开发了动态网页。那时，电脑协会的会员非常多，一度超过 3000 人，成为浙大最大的社团。协会早期通过帮助同学组装、DIY 电脑，做一些技术服务支持，实实在在服务了数千名浙大校友。之后陈博还在浙大开设了首家"迷你印刷社"，收集、整理、撰写了计算机领域从入门到精通的资料，免费赠予校友。同时，陈博还鼓励、组织校内的"才子佳人"们写书、出书，帮忙联络如机械工业出版社、邮电出版社等专业机构进行出版发行。

除此之外，陈博还是浙大 BBS 上的活跃者。他出道比 Food 版版主稍早些，还做过 Oversea 版版主。在做版主期间，他帮助很多同学出国留学。陈博乐于分享，在中国最著名的出国网站 GTER 上也是活跃分子，还和该网站创始人一起撰写了 GRE 蓝宝书，为在校同学搭建出国考试的"免费桥梁"。这些事情或许都为他日后创业埋下了种子。

正是爱折腾、爱游戏，才让陈博有足够的动力持续创业下去。

创业之初，成就网页游戏"开山鼻祖"

创业初期，陈博选择了开发手机游戏这条道路。那时，市场上才刚刚出现彩屏手机，就类似目前老年人在用的"功能机"。当年的"功能机"性能远不如现在的智能手机，由于进入手游市场时机过早，手游市场环境尚不成熟，用户对于游戏付费模式不认可以及手机性能有很大限制，陈博只赚了一些零花钱，并没有迎来"爆发期"。

随着时代的发展、科技的进步，当人们的娱乐方式越发丰富多彩之际，陈博开始思考公司是否需要转型。在和团队进行深刻讨论之后，2008 年，他推出了第一款网游《热血三国》。或许是他运气好，游戏《热血三国》一炮走红，当年就取得了傲人的成绩。可以说《热血三国》开创了中国网页游戏的时代，陈博和公司的小伙伴们也被公认为中国网页游戏的"开山鼻祖"。

在公司发展过程中，他们也经历过很多事情。曾经，腾讯、网易都前来商洽投资和并购的事情，但陈博不想放弃自己的理想，果断拒绝了他们的"好意"，觉得还是应该带领自己的小伙伴们独立发展。但是这也带来了一些非常实际的问题，那就是永远不知道下款成功的游戏产品在哪里。在《热血三国》一代产品推出之后，陈博做了很多努力与尝试，但都不是特别成功。最后，他认为还是必须要找到一根"定海神针"，于是公司陆续推出了《热血三国 2》《热血三国 3》两款游戏，均取得了成功。这件事让陈博明白，只有 IP 化的游戏产品才更容易生存下来，才更容易获得用户的认可及持续的关注。

开创新品类游戏、文娱作品的过程是非常艰难的，在开创过程中陈博也走了不少弯路。在页游时代，总体来说做得还算成功，但是在转型移动端手游的时候，还是慢了一拍。很多同行在页游时代做得并不出色，反而转型手游抢占了先机，率先在手游时代赚到了钱，也积累了相关的经验和资源。相反，陈博公司在页游时代日子过得太舒服，虽然很早他们就一直关注着手游领域，但是每次想要进入手游领域的时候，就会遇到很多内部阻力，很多人认为页游如此赚钱，为什么还要做手游？直到后期页游颓势出现，公司才开始正式转型手游。

痛苦转型，迎来新的风口

在转型手游的前期，陈博经历了一段很长的痛苦期，他尝试了当时很热门的方向和品类，如二次元、卡牌等，但是都没有取得理想的成绩，最后还是通过"定海神针"般的"老"游戏《热血三国（复刻版）》搏回了众多玩家，也找回了些许自信。所以说，一个好的 IP 真的可以吃很多年。由于进入手游时代比较晚，错过了手游大发展的机会，所以前几年在手游领域妙聚并没有做到很大规模。

在游戏的相关产业方面，陈博另辟蹊径，把目光转向了广告游戏这一领域。此前，史玉柱对游戏行业进行了模式创新，推出了游戏免费、道具收费等模式，从而将游戏人口大幅增加。依照同样的道理，陈博进行了类似的创新，将传统的向玩家收费模式转换到广告收费形式，玩家通过观看广告来获得原本应该花钱买的道具，这无疑能够获得更多的用户。事实证明，陈博的想法是正确的。加上国内巨头今日头条也想进入这一领域，大家一拍即合，建立起战略级合作关系，双方资源优势共享，连续打造了《皮皮虾传奇》《神兽养成记》《他也是大侠》三款成功产品，获得了5亿多用户。

从《皮皮虾传奇》到《神兽养成记》，再到《他也是大侠》，妙聚的游戏产品进行了不断的迭代和升级，拥有了逼真的表现形式，也增强了玩家的参与体验。他们的成功也证明现阶段中国广告游戏模式比海外的超休闲游戏更具生命力。

在大力发展广告游戏的同时，陈博对于老玩家们热衷且痴迷的大型游戏也没有放弃，除了《热血三国（复刻版）》之外，还在研发新的SLG产品。在这一品类上陈博还是很有信心的，相信公司的产品具有一定的竞争力。

另外，妙聚在游戏文娱产品出海方面也进行了尝试。一直以来，中国的游戏产业是中国文化出口的领头羊，统计数据显示，游戏占据了整个文化出口的95%以上。妙聚也不例外，针对海外市场独立研发的游戏产品，目前深受100多个国家、地区玩家们的喜爱，取得了不小的成功。

扬帆出海，探索远大航程

近几年，除了在游戏领域积极探索之外，陈博还一直进行公司的资本化运作。2014年开始，中国的游戏行业开始迎来资本化大潮。2014年以前中国走向资本市场的游戏公司可谓凤毛麟角，但是2014年突然爆发，所有的游戏公司都想尽办法上市。妙聚作为一家资深的游戏公司，当然也不想错过这个机会，早早开始了自己的资本化进程。前期资本化进程比较成功，引进了几位战略投资者，其中有中植资本、招商局和电广传媒。但事与愿违，在国内的资本化并没有很成功。

2018 年，陈博开始转向境外上市。从传统眼光来看，境外上市地无外乎美国和我国香港地区。但在经过仔细调研之后，他却发现这两个市场并不适合游戏公司。第一，美国资本市场一直以来都不认可中国的游戏公司，中国早期在美国上市的游戏公司如盛大、第九城市、完美、巨人等都不太成功，陆陆续续都退市了。这时候再前往美国市场自然是不合适的。第二，虽然现在很多中概股都在回归香港，但唯独游戏公司比较困难。因为我国香港资本市场比较喜欢传统行业如地产、医疗、金融、贸易、零售等，游戏公司并不受欢迎。再加上香港市场的流动性比较差，香港的投资者基本上都集中在头部企业如腾讯、小米、美团等，规模略小的中腰部企业交易量比较低，也不是一个好的选择。

机缘巧合之下，陈博接触到了韩国资本市场，了解之后他发现韩国资本市场是一块神奇的热土。韩国因为自身产业的原因，游戏娱乐业和医疗美容业都是世界级的。比如仅首尔地区就有超过 2000 家游戏公司，曾经深刻影响中国游戏业的《传奇》和《奇迹》都来自韩国，而且火遍全球的吃鸡游戏也是韩国首创的。不仅如此，韩国股票市场的市盈率很高，平均超过 30 倍 PE。可以说，韩国的股票市场是全球主要证券市场中对游戏行业最友好的，没有之一。除此之外，韩国股票市场的流动性也很好，韩国是发达国家里散户比例较高的市场。以上几点都弥补了香港市场的不足，虽然存在一些语言障碍，但是在众多较好的外部条件面前，这些障碍不值一提，因此他决定试水韩国市场。

从目前的进展情况来看，妙聚的尝试比较成功，他们通过收购韩国公司，完成了韩国上市的初步工作。韩国主要的资本市场有三个：蓝筹主板 KOSPI、科技主板 KOSDAQ、创业板 KONEX。科技主板 KOSDAQ 和美国 NASDAQ 类似，也是除美国以外主要以科技型高成长类公司为标的的市场。

接下来陈博希望逐渐实现游戏业务的整体上市。陈博希望妙聚韩国上市的经历能够为中国科技公司在境外的上市走出一条新的道路，给中国的科技公司增加一个选择，这是一件极具挑战且意义非凡的事情。

放眼未来，终究可期

首先，公司最近期的目标就是要实现游戏业务在韩国的整体上市，完成资本化进程，提升企业品牌。

其次，加强海外市场的业务拓展，拟定未来 3 年海外业务占比超过 50%。陈博预测，未来 10 年是中国公司尤其是中国科技类公司走向海外的 10 年。当企业发展到一定高度之后，势必要去占领海外市场。妙聚经过这么多年的发展，已积累了不少宝贵的经验，沉淀了不少先进的技术，一些理念或多或少处于国际领先地位，因此，有责任、有必要通过游戏文娱这一载体，把中国传统的优秀文化与思想输出海外。在这个时代，每个人都应该扮演好自己的角色，借着势头，积极发展海外市场，弘扬优秀文化。

其中，在游戏品类方面，妙聚坚持做好自己所擅长的领域，即休闲广告游戏。目前，公司在休闲广告游戏领域处于头部企业位置，他们的游戏设计理念在全球都是领先的。对于传统的 SLG 游戏，妙聚也会持续发力，做出更多优质的产品。《热血三国》系列游戏产品历经 10 多年依旧受玩家钟爱，这就体现了 IP 的强大吸引力以及公司对于策略游戏的深刻理解，所以 SLG 游戏也是接下来公司加大研发力度的一个着力点。

此外，妙聚将重点打造 IP 化产品。《热血三国》本身就是一个 IP，除了游戏之外，他们同起点白金作家庚新携手合作，推出了《热血三国之水龙吟》，同时《热血三国之水龙吟》动画电影也正在紧锣密鼓地制作中。未来，妙聚希望能够围绕这一 IP 进行更多的尝试，把 IP 做大做强。同时，妙聚也将积极打造新 IP，循序渐进地"拓展"现有的几条极具影响力的 IP 线，为公司持续稳定、健康发展奠定扎实的基础。

总的来说，陈博希望妙聚可以成为业务国际化、人才国际化、资本国际化的数字文化科技公司。

三、创业总结

这几年的创业，陈博经历过不同的阶段，也遇到过起起伏伏，从中得出了很多关于创业的新体会。

比机会更重要的是抓住机会的能力

英国军事理论家托·富勒就有这么一句经典名言："一个明智的人总是抓住机遇，把它变成美好的未来。"机会无处不住，在每个人的一生之中，每个大大小小的转折点，都伴随着各种各样的机会。它总在默默等待着人们去发现它、利用它，并成就自己的人生。错过一个机会没关系，还会有下一个机会，但是能否抓住机会至关重要。

有句话说得好，机会是留给有准备的人的。错失机会的人数不胜数，而其中比没有发现机会更让人难受的是，发现了它却因为准备不足而错失了它。

过去的这几十年，国家、社会发展很快，互联网行业整体变化也非常大。在变化的过程中，机会是非常多的，然而却只有少数人能够真正把握住机会。创业初期，无论你做什么，都会有很多团队与你竞争，执着地想要抓住某一个风口是不可取的。只要有足够的能力，就会发现机会无处不在。在创业的过程中，每个人都会经历无数个"坑"。只有不怕失败，在不断的摸爬滚打中，才能学习经验，逐渐成长，避开这些"坑"。

时刻保持良好心态，积极面对困难

无论从事什么行业，做什么事情，都要从最基础的工作做起，都要经历摸爬滚打，才能真正掌握行业的门道。每个行业的水都很深，一定要经过长期的摸索才能在所属行业中做出一点成绩，确实，"没有人能随随便便成功"。

很多在旁观者看来感觉很简单的事情，一旦自己切身了解之后才会发现，事情远比想象的难很多。前几年陈博也不停地遇到各种"坑"，但是随着经验的积累和阅历的提升，近年都能很好地避开它们。

因此一定要保持良好的心态，做好摸爬滚打三五年的准备，再考虑是否有抓住机会的能力。不仅仅是游戏产业，可以说整个文创产业都面临一个很巨大的问题：不确定性。所以，在不确定中寻找确定的一点就变得尤其重要。

对于游戏行业来说，可确定的因素特别少，能够沉淀下来的东西也特别少。一款游戏成功了，下一款游戏未必也会成功，所以在游戏行业有句俗话："三年不开张，开张吃十年。"开发一款成功的游戏可能需要花好几年的时间和精力，当这款成功的游戏成为爆款之后，能够养活公司好几年。正如妙聚的《热血三国》，从问世至今已经10多年了，经久不衰。理论上这款游戏现在只需要一个很小的团队即可维护，如果公司只有这么一款产品，那基本上什么都不用做，就可以养活团队。

所以说，游戏行业有利有弊，好处是一款成功的爆款游戏可以让你一夜暴富，坏处是无法知道下一个爆点在哪，不确定性太强。在不确定中找到能够确定的因素，是值得每一个深爱游戏行业的人探索的事情。

　　游戏行业不确定性很强的原因在于用户的喜好会经常变化，再加上技术发展过快，导致优势无法积累下来。不仅游戏行业面临这样的问题，文创行业也是如此。比如10年前的电影和10年后的电影在拍摄手法、表达方式上都不一样，10年前热门的电影10年后未必赚钱。电影和游戏不同之处在于电影还是存在一些固化的东西，比如导演和演员。一般来说，导演和演员的演艺生涯周期也不会很长，基本上在10~20年。而游戏制作人付出的努力并不比导演少，但没什么人会关心制作人是谁。不仅如此，游戏也没有演员，没办法利用演员的影响力对游戏产生加持作用。

　　在这件事情上，迪士尼做得非常好，正确地找到了自己的发展道路——IP化。对于游戏领域，陈博认为这是值得尝试的一条路，因此他希望能够把产品《热血三国》打造成爆款IP，增加产品的确定性因素。只有这样，才能做到真正的经久不衰。

对于创业，要绝对保持激情和热情

　　正如本文开头所说的那样，在创业的过程中，一定会遇到很多困难和挫折，失败也是在所难免的，甚至还会遭受别人的质疑。但如果一遇到挫折就放弃，注定是不会成功的。

　　在创业的过程中，陈博身边有很多人都问过他这样的问题："你创业中曾遇到困难吗？有坚持不下去的时候吗？"困难，每天都有。但是陈博能够坚持下来正是因为对游戏行业的热爱与激情。

　　当然，创业过程中，光有一腔热血也不够，一定要务实、要脚踏实地，这才是创业的本质。有很多人好高骛远，想要去做的事情根本不是他能力所及的；还有些人想的很多、想做的也很多，但却不赚钱。因此在创业初期不要想着未来要如何颠覆行业，而更多的是要把目光放在当下，先想着一件事：赚钱！先让自己活下来！

赚钱本身就为社会做出了很大贡献，赚到钱之后可以养活员工，可以履行纳税的职责，还可以帮助客户赚钱，形成良性循环，从而拉动经济循环。

所以说玩概念、炒资本本质上解决不了任何问题，务实才是根本。陈博在游戏立项的时候就秉持一点：腾讯、网易等巨头做的游戏他不做，它们不做的游戏他才做。这个道理很简单，为什么要跟行业巨头硬碰硬呢？为什么要拿鸡蛋碰石头呢？只有发挥自己的优势，另辟蹊径，才能成功地活下来。

对于企业，拥有一个正确且远大的愿景十分重要

前几年，陈博所想的只停留在做自己热爱的事情上，但随着年龄的增长，他发现自己的想法还是过于简单，在企业发展的过程中，愿景是必不可少的。通俗一点来说，就是要有一个长期的目标，要秉持"梦想一定要有"的理念。只有这样才能带领员工、带领整个团队长久地发展下去，也才能够让用户长久地信任下去。

在愿景方面，国内做得最好的当属马云。在阿里之前，中国很多企业都不知道什么是愿景，但阿里反复教育了中国企业家们

到底何为愿景。相信很多人都听过马云的这句话："要让天下没有难做的生意。"这是最初阿里的愿景，也是阿里人的使命。只有拥有如此宏伟的目标，才能驱动所有人为此努力奋斗，才能促使团队保持长期的发展动力。

对于陈博个人来说，最大的愿景就是希望通过自己公司的游戏、影视、文学等作品把中国文化弘扬到各国，让国外的人们可以更好地了解中国文化，甚至国外的小孩子们能够玩中国的游戏、看着中国的戏剧长大。这就是他现在一直所追求的，也是他一直在努力的目标。

对于行业，比较看好 VR 和 AR 领域

VR 通俗来说就是创建一个虚拟现实世界，用户利用 VR 设备将自己带入这个虚拟世界中，不管是游戏还是电影，利用 VR 将自己充分地与虚拟世界结合，体验身临其境的感觉。而 AR 即增强现实，也称为混合现实，通过一些电脑技术将虚拟的信息应用到真实的世界，把虚拟物品信息与真实的世界叠加在一起，使两者出现在同一个画面或者空间中。

VR 和 AR 这两个技术拥有一个共同点：能够带来超越性的体验。从目前情况来看，中国的 VR 和 AR 的发展还处于初级阶段，存在价格贵、技术不成熟等缺点。但从商业角度来看，VR 和 AR 的背后，是千亿元级的市场和多行业的应用，因此未来这两者的发展空间一定很大。

想要把 VR 发展起来，首先要解决的问题就是如何普及用户，这是所有东西发展的前提。比如说手机游戏，陈博很早之前就开始做，没有做起来是因为量不够，能够跑游戏的手机太少了。早期手机并不是人手一台，而且手机性能也比较差，不能支持玩游戏，直到 iPhone4 的出现，手机性能和出货量大幅提升，手机游戏才开始发展了起来。VR 也是如此，只有真正实现用户普及之后，事情才会变得简单。

为了普及 VR 设备，陈博孵化了一款项目——妙娱。妙娱是一家以线上线下 VR 互动体验为核心业务的科技公司，立足于移动互联网时代，运用物联网、虚拟现实等技术，自主研发无人值守 VR 自助游戏街机终端。

而 AR 和 VR 的不同在于，VR 是纯虚拟世界，而 AR 是现实增强世界，在现实中叠加了虚拟场景。目前 AR 比 VR 发展得更为成功，已经有了一款典型案例——Pokemon Go。这是一款对现实世界中出现的宝可梦进行探索捕捉、战斗以及交换的游戏，玩家可以通过智能手机在现实世界里发现宝可梦，进行抓捕和战斗。现在 AR 都是和手机进行结合，陈博相信未来还会和眼镜进行结合，比手机更为方便。

因此，VR 和 AR 这两个领域都值得持续关注，未来一定会取得重大突破。

四、案例点评

"对于电子游戏的热爱一直坚持到了今天，这是创业的动力源泉。"案例中的这句话让我们看到了"激情"与"热爱"对于创业具有非常积极的作用。

创业者对某一事物的热衷，或是更乐于做一些与众不同的事情，并由此发现新的市场机会，这些都能够激发创业者的创业激情。创业激情作为创业者的一大个人特质，并不能直接作用于企业，而是通过对个人行为的影响，如对动机、目标等因素的调节，间接对企业的发展产生影响。本案例展示了一个十分有激情的创业者是如何产生动机、找到机会并一直坚持下去的过程。通常具有创业激情的创业者会更加主动地从外部搜集创业的相关信息，做出敏锐的判断，从而率先开发出具有价值的新产品、新服务或者新模式，在市场上获得先发优势。同时，创业的激情也是毅力的重要驱动因素，拥有激情的创业者在创业活动方面更具毅力，更能坚持长期创业。对于行业的热爱与由此产生的激情，能够让创业者产生更为积极的情绪，使其能够长期朝着既定目标前进。此外，创业激情具有一定的可传递性，创业者的激情可以通过情绪模仿与社会比较两条途径传递给组织内的其他员工，影响其他员工的感情与对组织的认同，形成更为良好的创业团队氛围。

案例十二

忻皓：绿色是最好的生活底色

一、概述

创业者

忻皓，男，1981年生，浙江宁波人，中共党员。2003年毕业于浙江大学环境科学专业本科，2008年赴美国克拉克大学攻读环境科学与政策、地理信息科学两个专业的硕士学位，2017年重回浙江大学攻读创业管理方向博士学位。

早在浙江大学读本科期间，忻皓就和他的大学老师阮俊华共同创办了浙江省首家环保社会组织——"绿色浙江"。忻皓是绿色浙江的秘书长，第十二届全国青联委员，中国科协九大、十大代表。忻皓也是浙江省科协常委、杭州市科协常委、余杭区政协委员。忻皓不仅是"寻找可游泳的河""五水共治圆桌会"等大型新闻行动的策划人，而且也是"小河长""未来使者""为地球朗读""同一条钱塘江"等品牌公益项目的策划人，还是首届浙江省基层宣讲名师。

忻皓曾获第19届中国青年"五四"奖章，也是首届中国生态文明奖的获得者。忻皓曾先后获得全国基层理论宣讲先进个人、中国"母亲河"奖、中国志愿服务金奖、中国水环保年度公益人物、"美丽中国，我是行动者"百名最美生态环保志愿者、浙江青年"五四"奖章、浙江省"千名好支书"、"最美浙江人——青春领袖"、浙江省"最美环保人"、浙江省百名"科技追梦人"、杭州市十大杰出青年、浙江大学十佳大学生、浙江大学学生创新创业先锋等荣誉称号。

组织简介

绿色浙江是一家扎根浙江、放眼全球，专业推动生态科普和环境治理的科技社团，省级注册为浙江省绿色科技文化促进会，业务主管单位为浙江省科学技术协会，市级注册为杭州市生态文化协会，业务主管单位为杭州市科学技术协会。

绿色浙江创建于 2000 年 6 月，以"让更多人环保起来"为使命，以公众环境监督、城乡社区营造、可持续发展教育、环境会务活动组织等为核心内容。绿色浙江是浙江省最早建立、规模最大、中国首家获得社会组织评估 5A 级认证、具有一定国际影响力的品牌环保社团；绿色浙江是浙江环境多元共治模式的重要推动者；绿色浙江依托高校相关学科专家和社团力量，坚持 22 年推动以需求为导向、以共创为形式的社会多元主体合力共赢的"绿色浙江环境多元共治模式"的创建，为浙江环境治理"灭污染、助决策、添人手、创机制"做出了独特的重要贡献；绿色浙江是迄今为止全国唯一获得"中国城市治理十大创新奖"的社会组织，也是发展中国家环境共治的典范。

绿色浙江曾多次获得联合国环境规划署、开发计划署颁发的优秀项目奖，还先后获得了联合国教科文组织、气候变化专门委员会以及相关国际机构的充分肯定。此外，绿色浙江曾获中国公益慈善项目大赛金奖、中国社会治理创新奖、中国青年志愿服务项目大赛金奖、福特汽车环保奖自然先锋奖、全国大学生"互联网＋"创新创业大赛金奖、"创青春"全国大学生创业大赛金奖。绿色浙江在可持续发展科普教育领域也做出了积极贡献，近年来曾先后获得许多奖项。如"小河长"项目获得 2019 年联合国可持续发展教育优秀旗舰项目奖及 2021 中华环境保护基金会自然亲水教育项目优秀教案一等奖；又如"未来使者"获得 2021 年度联合国可持续发展教育全球十大旗舰项目奖，也是当年中国在这一领域唯一的获奖项目。

二、创业历程

创业缘起：做绿色的守护者

2000 年暑期，浙江大学一年级学生忻皓和黄金海结伴骑自行车环浙江 36 天。一路上，垃圾成堆、污水直排的景象深深刺痛了他们。经济发展与环境保护，难道就是鱼和熊掌不能兼得的吗？环境科学一年的专业学习，让 18 岁的忻皓使命感爆棚，他决定要拯救地球。于是，忻皓就和当时他的大学辅导员老师、"地球奖"

获得者阮俊华一起发起筹建浙江第一家环保社团——"绿色浙江"。2001 年 12 月，历时 10 个月的筹备，时任共青团浙江省委书记的葛慧君为绿色浙江授牌。

一年多以后，忻皓面临毕业，他放弃了报考公务员和找工作，而是选择和大学一起参加创业大赛的同学张翼翀一起创业。创业的那几年里，小公司的几个人也成了维持绿色浙江秘书处工作的重要力量。

2005 年，忻皓获得中国青年志愿服务金奖，时任团中央第一书记周强为他颁奖。同年，忻皓又获得中国"母亲河"奖，时任国务院副总理曾培炎在重庆为其颁奖。不久后，忻皓受邀到浙江农林大学演讲，在回答同学提问时他说："我不想让环保成为我的谋生手段，但无论今后做什么，环保都会成为我的重要事情。"

当时的忻皓一定没有想到，有一天环保组织会成为他的全职工作，而这个改变就发生在十几年前。2008 年，受国际奖学金资助，忻皓赴美国克拉克大学攻读硕士研究生。留学期间，忻皓系统学习了非营利组织管理的课程，他突然认识到非营利组织作为一份职业，不仅有趣，而且也很有意义。2011 年，硕士毕业的忻皓选择回到祖国，回到绿色浙江做全职工作，并且不断地推进绿色浙江的改革与创新。

不落窠臼：做绿色的创新者

2010 年，加勒比岛国海地发生大地震，当时在美国留学的忻皓注意到一款名叫 Ushahidi 的互动地图平台发挥了巨大功效，让很多鲜活的生命及时得到救助。看到这个消息，忻皓突然想到：如果能把这个平台应用于河流保护，不就是最合适的吗？！于是，忻皓和同学一起，利用这个平台开发了"钱塘江水地图"公众协作互动信息平台。通过这个信息平台，任何人都可以用手机及时报告他们所发现的问题，而且其他人也都可以看得到。信息平台的开通，有效地帮助了执法机构的举证，以及便捷、准确地找寻污染源并进行相应的查处。时至今日，绿色浙江组织巡护了 7.3 万公里水域，协助政府查处污染事件 720 多起。后来，忻皓还给数百家来自世界各地的环境保护组织培训过协作互动开放地图的制作。"钱塘江水地图"还获得了"芯世界"公益创新奖项中的技术应用奖。

忻皓曾先后到过近 50 个国家和地区，以学习、了解各地低碳环保理念的实践。在联合国开发计划署等的支持下，自 2012 年起，忻皓带领小伙伴开展一系列生活中的低碳理念实践。在城市，他们尝试在社区开展立体绿化、雨水收集，组织阿姨们学习厨余堆肥、开辟空中菜园，建起垃圾回收智慧绿房；在乡村，他们搭建太阳能微动力灌溉系统，用 5000 只塑料瓶搭建漂流瓶，用废旧汽车轮胎搭建彩色迷宫；在海岛，他们设计可持续食材、雨水净化泳池，时任浙江省委书记夏宝龙等也纷纷为此点赞。

十年来，忻皓和小伙伴们一起通过实践总结出了能源、水资源、绿化和种植、废弃物的四大类总共 30 多项生活中的低碳理念实践清单，并多次在多哈、华沙、巴黎、利马等联合国气候峰会的中国角做分享介绍。

乘风破浪：做绿色的探路者

2011 年，受到一家日本环保组织的邀请，忻皓带领几位浙江青少年赴日本参加亚洲六国儿童生态营活动。活动期间，日本小学生做饭备菜、准备器材，对环境和发展问题侃侃而谈，这让忻皓很是触动。不久后，忻皓萌生了要带领更多孩子看看我们的世界到底发生了什么、需要我们做什么的想法。他把这个自然科考计划取名为"未来使者"。

"对孩子来说，让他们看到世界的不完美、还存在的问题，然后激发他们的想象力、创造力，并有所行动，这就是我们要培养的人，我们称为'未来使者'。"忻皓在开发一系列青少年SDG 研学、科考产品以及文化活动时这样说。国际科考与国内研学是"未来使者"的重点项目，国际科考强调深度走入当地机构，寻访当地社区，带领孩子们发现并解释可持续发展问题，从而锻炼孩子们从政策层面思考，并协助他们直接采访对话政策制定者。目前，未来使者国际科考项目已有六条线路，足迹涉及美国、韩国、莱茵河、挪威、澳大利亚、肯尼亚等国家和地区。大部分线路都由忻皓亲自参与踩点。在国内，未来使者也开发了旗舰路线，通过实地探访，学习跨学科知识，了解和发现可持续发展问题。

不同于其他游学项目，绿色浙江注重引导孩子们思考解决问题的方法。在一次澳大利亚国际科考中，孩子们在塔斯马尼亚原始森林里突然发现了成片被砍伐的桉树。忻皓现场组织孩子们思考为什么要砍树，让孩子们了解原生林和次生林的区别，以及各地保护林业的政策差异。在听了忻皓的讲解后，一位十岁的孩子这样说："塔斯马尼亚林业政策远远跟不上联合国和澳大利亚联邦的要求。"这让忻皓很高兴，他相信这样的经历会让这些孩子未来成为决策者的时候做出不一样的选择。

为了唤起更多人对可持续发展目标的关注，绿色浙江还与联合国可持续发展教育杭州专业区域中心、德国汉斯·赛德尔基金会等共同主办了"未来使者"SDG 课程（线路）设计大赛展示活动，积极鼓励对可持续发展课程设计有兴趣的个人和团体参与其中，共同承担。"当他们还小时，给他们机会去发现社会问题并思考怎样解决，帮助他们立志今后要成为什么样的人，解决什么样的问题，这就是可持续发展教育的意义。"

2018 年，在一批教育专家的共同支持下，绿色浙江发起了一项面向青少年的水环境资源科学传播项目——小河长计划，让青少年能够成为家乡河流的守望者、自然讲解的志愿者、治水解决方案的创想者。南苑小学的小河长设计未来污水处理厂，安吉路实验学校的小河长讲解钱塘门与西湖的故事，建兰中学 14 位小河长在浙江省高院审判庭上为一起真实的污染案件组织环境模拟法庭，钱塘江下游萧山万向小学小河长对话钱塘江源头的安徽休宁县鹤城乡中心小学小河长，湄公河流域小河长开展模拟联合国，爱好玩无人机的小河长组成河鸟战队巡河，爱好画画的小河长持续在钱塘江海塘彩绘……

疫情期间，小河长们积极为孟加拉国筹集物资，"孟加拉虎"和"功夫熊猫"合力抗击新冠病毒，两国少年相约疫情后共护河流。2020年，在江豚保护国际研讨会上，小河长们甚至带领专家为钱塘江江豚掀起头脑风暴，小河长们早就超出了我们的想象，当科学来袭，他们带来的就是万分惊喜！

三年来，102所学校3.6万名6~18岁青少年成为小河长，该项目还获得2021年度联合国可持续发展教育全球十大旗舰项目奖。

在乘风破浪的探索中，忻皓越来越体会到做好环保组织的不易。他要让自己和团队提高的不仅是日新月异的科学技术，更多的是社会科学理论。于是，忻皓在这些年里不断构建自己的知识体系，希望能找到一条让绿色浙江实现可持续发展的道路，这也促使他后来选择攻读浙江大学创业管理博士学位，以研究非营利组织的可持续发展。

多元共治：做绿色的组织者

环境问题涉及面广，更需要处理好各个问题间的连接与协调。作为环保科技社团的秘书长，忻皓常常要扮演的角色就是借助协会的平台推动多元主体间的对话。

2013年，绿色浙江与浙江卫视共同推出了一档环保节目——

《寻找可游泳的河》，共报道 136 期。"这次活动的启发来自'20万元悬赏环保局长下河游泳'事件。公众与政府的利益根本上是一致的，那为什么事件会演变为公众要求环保局长下河游泳？实际上，环境需要共治共享，如果不能让更多的公众参与进来，加深对环保行政部门、环境治理的理解，就可能由一个小小的环境问题引发社会矛盾。绿色浙江就是要发挥这种桥梁作用，通过了解每个不同主体的需求，把多元主体发动起来，把它们的驱动力挖掘出来。"

2014 年，忻皓推动了绿色浙江与杭州市河道监管中心的合作，在杭州设立民间河长，忻皓自己也成为杭州市首位民间总河长，见证了许多条河从污染到变清的过程，从黑臭水到鱼儿重回。这种变化带给了忻皓满满的成就感和无以言表的欣喜。

在"民间河长制"推行的过程中，忻皓还组织有关职能部门、问题责任方、老百姓一起坐下来好好商量，让社会组织、专家学者、新闻媒体一起出主意，实现跨界圆桌对话，提出解决方案，营造共治氛围。协会则扮演环境问题的调查者、圆桌会议的组织者、多元主体的联系者、处理结果的监督者。于是，环境多元共治能力成为绿色浙江的核心竞争力。

近年来，清华大学、浙江大学、南京大学、浙江理工大学等学者在 SSCI、CSSCI 发表多篇绿色浙江案例的研究文章。绿色浙江环境多元共治案例 2018 年获得上海交通大学、中国科技大学、南京大学、浙江大学评选的长三角城市治理十大优秀案例，2019

年获得北京大学评选的中国城市治理创新奖十大优胜奖。对绿色浙江的研究表明：来自社会各界的支持，不仅给予了坚持绿色浙江社会创业的浙江大学师生最大的动力；更是这种社会网络资源，成就了绿色浙江形成推动环境多元共治的核心力量。当然，在长期跨界协作的过程中，绿色浙江执行团队对如何发动多元主体参与社会行动也有了更加深刻的思考和深入的实践。

2019 年 6 月，杭州市科协组织 29 家学会建立杭州市乡村振兴学会联合体，忻皓担任秘书长。每个季度，忻皓都会选择一个乡镇针对 5 个突出问题组织学会专家开展服务，谱写了乡村振兴服务的四季歌。截至目前，乡村振兴学会联合体已经邀请了包括院士在内的 50 多位专家在杭州 8 个区县开展科技助力新时代文明实践中心科技志愿服务活动，直接服务 24 个乡镇街道，并建立长效合作机制，杭州市西北部山区小镇余杭区百丈镇就是其中之一。

百丈镇是浙江毛竹之乡。虽然拥有丰富的毛竹资源，但整个毛竹产业经济可持续性不强，青壮年流失严重，加之百丈镇周边地区资源雷同，如何创造镇域特色，打通"绿水青山"向"金山银山"转化的通道，是发展百丈富美路上的瓶颈和难题。忻皓以省级学会秘书长身份担任百丈镇科协副主席，也成为"基层三长"的一员，和镇干部、群众一起摸索实践，逐步确定了以科技志愿服务为核心的公益公社建设。他们在浙江省科协指导下，由杭州市科协、阿里巴巴科协、阿里巴巴公益基金会等在百丈镇新时代文明实践中心建立了公益加油站，对接国家级学会，在万亩杜鹃设立中华野生杜鹃保护地，组织种植公益林、建设零碳村、开拓盲人旅游细分市场，邀请知名科学家走进乡村成为"公益科学家"，对接名校助推教育高质量发展，为科技志愿者长期服务百丈搭建平台。

2021年6月，由浙江省25家科技社团共同成立的省科协资源环境学会联合体，忻皓又一次担任秘书长。在余杭，忻皓建立了以低碳环保为主题的政协委员工作室，联系服务多个镇街新时代文明实践中心，对镇街干部和村社负责人进行低碳和生态文明理念培训，并组建了仓前街道生态文明宣讲团；在临平、滨江，忻皓推动组织全市无废城市现场会，发动全国"双碳目标下城市应对气候变化机遇与挑战"论坛；在浙江欠发达的26个山区县之一的三门县，忻皓积极推动全县海洋垃圾摸底调查，组织全国海洋清洁日主场活动，以生态助力三门高质量发展。

2021年7月，在中共中央和国务院出台"双减"的新形势下，在中国青少年缺少公益与社会服务教育的大背景下，如何让可持续发展目标走进校园，让教育不仅能够而且必须促进全球可持续发展新愿景，忻皓负责策划实施的"预备益"项目就承担起了这项使命，培育能够在未来担当全球可持续发展大任的地球公民。目前，浙江省联盟学校已经超过80所。

三、创业小结

初心如磐：世界并不完美，行动可以改变

梦想人人都有，最难能可贵的是付诸行动。忻皓认为，这20多年来一直激励他的，正是2000年《杭州日报》报道《千年环保世纪行》的标题"因为我想，所以我行动"。在他看来，行动比任何空想都更有力量，创业的路上总是有艰辛和汗水，心中的"绿色梦想"始终在前方。

20多年来，绿色浙江一直坚信并传播——绿色是最好的生活底色。绿色浙江从当初仅有几个大学生志愿者，发展到今天包括专职人员、正式会员、团体会员在内600多名成员，参与过绿色浙江组织活动的志愿者也超过了十万人次。

"绿水青山就是金山银山。"这是习总书记反复强调的一句话，也是忻皓最信奉、最喜爱的一句话。到目前为止，忻皓已宣讲"两山"理念、可持续发展等500余场，受众8万多人，是中国科协"青年演说家"、全国基层理论宣讲先进个人、首届浙江省基层宣讲名师。忻皓带动了更多人坚持绿色发展理念，像保护眼睛一样保护生态环境，像对待生命一样对待生态环境，自觉践行绿色生活，共同建设美丽中国！

建党百年，回望初心，忻皓带领绿色浙江始终坚持党的领导，以生态文明思想为引领，立足浙江，放眼全球，以理性、温和的方式推动在环境议题中社会多元主体的对话与融合，一件件生动

的经历，也支持忻皓带着绿色浙江继续出发！

赓续前行：塑造平凡人的不平凡

2015 年 5 月，忻皓获得中国青年五四奖章；2016 年 6 月，忻皓获得中国生态文明奖；2019 年 6 月，忻皓获评全国"百名最美环保志愿者"；2021 年 6 月，忻皓获评由浙江省委宣传部、省美丽浙江建设领导小组和省生态环境厅共同颁发的"最美环保人"荣誉称号。但每当谈及这些，忻皓很少说自己的功劳，认为更多的是绿色浙江团队和志愿者共同创造的成就。忻皓坚信，"今天我们每一个人，普通的职业，平凡的人生，但是一定可以共同构建起美好的未来"。

在忻皓身上，集中体现着甘于寂寞、甘于奉献、不断进取的精神追求。忻皓用他的感恩、责任、务实、坚持，获得了社会对他的肯定。他担任过水资源管理国际标准制订委员会委员、联合国可持续发展教育亚太协调委员、全球护水者联盟理事。一直以来，他在各种活动中都不忘自己的初心和使命，在联合国气候大会上、世界水论坛上、全球护水者联盟大会上，忻皓讲述着一个个中国可持续发展的故事。忻皓还登上过纽约时代广场电子屏。对于未来的发展，忻皓也有自己的想法，"中国的环保组织非常多，但作为绿色浙江的负责人，我一定要让自己变得更好，要让自己做得更有影响力。向社会持续传递正能量和'美丽浙江'的坚定信念！"

四、案例点评

社会创业一般是指通过创办社会企业或者非营利组织，借助市场力量去解决社会问题的一种创业模式，通常也被称为公益创业。社会创业相对于商业创业，其社会导向性最为本质。社会创业的最终目标也并非组织利润的最大化，而是社会价值的创造。因此，作为社会创业活动的核心——社会创业者，通常是具有创新精神的变革者，他们具有极强的责任感与企业家精神，受到社会目标而非个人经济目标的驱动，能够突破资源限制，寻找新的方法，更有效地解决社会问题。

忻皓与绿色浙江的案例让我们看到了一名社会创业者身上的社会责任感与使命感。正因如此，忻皓能面对众多的诱惑而不为所动，始终如一地坚持这份"绿色"事业。绿色浙江的发展与影响力的不断扩大，推动了多个社会部门的联动，形成了环境多元共治的机制，为公众参与环境监督提供了一条有效路径。同时，忻皓推出的以"未来使者"为代表的SDG研学项目不但获得了社会的广泛关注，并且其项目收益也为组织的运营提供了一定的贡献。本案例的作用不仅仅是对环保方式的一次探索，更是社会管理的一大模式创新。

对大学生而言，创业不应仅仅是为了实现就业，更重要的是实现人生理想。新时代的大学生应兼顾个人发展与社会责任，从时代与社会背景出发，将个人发展与社会责任相结合，进而实现人生价值。

案例十三

陈天润：向世界展示中国青年的创新力量

一、概述

创业者

陈天润，2000 年 9 月生于浙江温州，2018 年考入浙江大学信电学院电子科学与技术专业，现已推免至浙江大学计算机学院攻读博士学位。陈天润曾获评 2021 浙江大学十佳大学生，带领团队获得了第七届中国国际"互联网 +"大学生创新创业大赛浙江省冠军、全国总决赛季军。陈天润是魔芯（湖州）科技有限公司的创始人、董事长兼 CEO。

组织简介

魔芯（湖州）科技有限公司于 2021 年 6 月成立于浙江德清，致力于通过 AI 技术提供创意实现的软硬件解决方案。魔芯团队自行研发数字打印技术，提供智能打印机及配套终端 APP（KOKONI 3D）。公司拥有行业领先的三维环境感知方案，包括自动建模、模型生成算法和多重知识表达的内容生成算法等，致力于促进想法具象化，以简化创意实现过程，从而真正助力用户的创意落地。

"助力每一个人的创意实现"是魔芯的愿景。公司在初创阶段曾获中国国际"互联网+"大学生创新创业大赛金奖、总决赛季军、本科生组第一名，全国"挑战杯"大学生创业计划竞赛金奖等十余项荣誉，同时项目受到《人民日报》、澎湃新闻、《中国青年报》等报道，还登上了央视《焦点访谈》和《新闻联播》。

二、创业历程

碧峰二舍，创业起航的真正起点

刚踏进大学校园的陈天润，跟很多新生一样，是一个对发明创造抱有极大兴趣的男孩。那个时候，他跟几个室友志趣相投，他们认为课业和GPA并不是检验优秀的唯一标准，保持创新思维并真正落地实践才是有意义的事，所以陈天润和他的小伙伴们经常在寝室里鼓捣一些旁人看似无用的"小机器"。

也就是在大一，几个同学在寝室里头脑风暴：能否做出一款与众不同的打印机以满足工作和生活的需求呢？正如陈天润后来在诸多场合中提及创业项目缘起时说的那样，"这是一项真正从寝室里走出来的发明"。

当时正值第五届"互联网+"大学生创新创业大赛的报名阶段，用陈天润的话说，"当时就是年幼无知，也不知道创赛具体是什么，可能就是觉得可以通过这个比赛去展示一下我们的产品"。产品和创意的雏形有了，还需要形成更加成熟的项目构思，陈天润便开始组建自己的团队，以寝室里的朋友为初始核心，加上高中阶段参加信息学竞赛时认识的很多擅长编程的同学，陈天润向他们发出了"入伙"邀请。最终，这样一个充满活力的团队正式被组建了起来。

潜心沉淀，厉兵秣马

刚刚18岁的陈天润，带着寝室里做出的"go print"智能打印机，第一次参加浙江省"互联网＋"大学生创新创业大赛就获得了金奖。比赛结束后，陈天润加入了浙江大学未来企业家俱乐部。在这里，陈天润收获了很多关于创业、产品设计等方面的知识。对陈天润来说，比赛只是一次展示，而日常交流让他受益更深。在未来企业家俱乐部里，很多会员已经在创业路上走了一段路程，并且未来企业家俱乐部将校内和校外连接了起来，很多校友都保持着良好的关系和互动。在这样的环境中，陈天润更立体地感受到了创业这件事是真的需要付出很多踏实努力的。也是在那个时候，陈天润看到了自己投身创业的可能性。2020年疫情前后，陈天润参加了校友会的一些活动，逐渐和资本开始有接触。在校友和资本的鼓励下，陈天润开始认真而慎重地考虑起了创业这件大事。

对创业的兴趣让陈天润也开始积极参加创业相关的社团，和更多的人进行思维碰撞。2020年暑假过后，陈天润报名了第18期求是强鹰实践成长计划，并加入了同样做智能硬件设备的想能睡眠科技股份有限公司郭峰老师的导师组。亦师亦友的郭老师对陈天润的项目认可有加，并时常关心项目进展，鼓励陈天润在广阔的创新天地中有所作为。与此同时，陈天润在求是强鹰里也认识了一批同样奔跑在创业路上的志同道合的小伙伴，整数科技的COO赵子健就是其中之一。两个同龄人在创业初期常常一起探讨产品，切磋与资本交流的经验，迷茫的时候互相加油鼓劲。

陈天润始终保持着学习的热情，从不给自己设限。在浙大的前两年，他修读的课程非常广泛，除了必要的基础课程外，物理、生物、化学、管理，甚至人文社科类的课程均有涉猎。陈天润也早早开始进入感兴趣的课题组，积极参与科研项目，这也为他后来发表一系列论文和专利奠定了基础。

大二、大三这两年里，尽管陈天润没有全身心地投入创业的事业当中，但他依然保持着忙碌的状态。这段时间更像是快速充电期和沉淀期，而他所做的事情看似与创业无关，恰都成了未来创业路上的垫脚石。

谈及这段时光，陈天润也认为这是一段必要的沉淀，是在自己的节奏中等待"亮剑"的时刻。没有立刻投身创业，一方面是陈天润觉得自己还没成长起来，尚需经验和能力，也还需要时间去学习更多专业的知识；另一方面陈天润需要不断地了解技术的前沿。大二、大三时的每个周末，陈天润几乎都是在实验和组会中度过的。在实验室里，他接触了专业领域前沿的知识，也发表了一些论文，而且早早地接受了博士生阶段的训练，掌握了很多人可能直到博士阶段才拥有的技能——快速阅读文献，掌握科学前沿，快速产生新想法，快速迭代并解决问题。更重要的是，陈天润在这段时间里看到了这个领域走在最前沿的人们在做什么。

正是在浙大开放包容、鼓励创新的氛围中，陈天润有机会将很多想法付诸行动。当时，考虑到寝室条件有限，陈天润在玉泉校区旁边租下一间不足 10 平方米的办公室，开始了他真正的创业冒险。

随着对创业理解的日渐深入，陈天润决定进入电子消费品市场，做"酷"的消费电子产品；与此同时，陈天润也不断地了解行业、了解产品。然而全球消费电子产品市场并不是一片风平浪静的海洋，"卷"是陈天润对电子消费产品最直观的感受。激烈的竞争、层出不穷的需求，更让人感到压力的是消费电子产品面向的是一个个终端客户，这对消费电子产品领域的新进入者提出了更高的要求和更小的容错空间。

在拥有了科研与创业探索并行的经历后，陈天润开始认识到，从科研到实践落地，存在着不可小觑的鸿沟，从科研成果到商用产品的距离也远比想象得要远，因为实际场景远远比实验室里模拟出的环境复杂得多。以前陈天润总觉得，探索新东西比工程落地更加困难，但当真正开始落地的时候，才会发现在现实中工程落地更加困难。所以，想要做一家真正具有创新力的科技公司，一方面要保持追踪新发现的能力，另一方面要使科技成果在可用的情况下落地。所以，陈天润也开始更加主动地学习工程管理、软件工程等相关知识，他所要学习的不仅仅是课内的技术知识和科研能力，更重要的是怎样去定义一个稳定的系统。

万事开头难，陈天润意识到基于电子消费产品的创业是一件非常专业、需要大量经验和时间投入的事情。创业之初，有人问陈天润：你还要做这事情吗？陈天润的答案是：如果有合适的资源和合适的人，我就会去做。

对于创业公司来说，技术、资源和人才缺一不可。对陈天润而言，已经有了一些技术的背景，彼时最重要的就是找到一个合适的团队去做。而创业也代表着陈天润对自己的承诺，要付出很多时间投入其中，甚至投入自己的全部。

乘势而上，利刃出鞘

在不断的寻觅和奔走中，2021年初，陈天润带着自己的项目在未来企业家俱乐部里和学姐相识并互相认可。从此，陈天润有了第一个合伙人，这支为创业而生的团队开始步入正轨，两个人不断在身边寻找合适的创业伙伴加入其中。运营公司本身就是一件专业的事，涉及的事务复杂度很高，更何况陈天润和合伙人想做的是一个全新而复杂的硬件产品，能否找到专业的"舵手"，决定着陈天润的公司能否顺利运营起来。终于，在2021年5月份，两人陆陆续续找到了合适的伙伴，也找到了适合担当总经理的人选，更找到了技术和开发工作的骨干力量，开始全速出发。

2021年6月，陈天润和他的合伙人成立了魔芯（湖州）科技有限公司并担任董事长，当地政府对陈天润的项目十分支持，经常来看望公司的员工，也给予了魔芯科技很多补贴与奖金，团队决定在湖州莫干山高新区建设超过 1400 平方米的组装、测试和发货仓，以落实、推进产品化进程。团队计划提供一系列"创意实现工具"，以消费电子硬件产品为载体，满足大众用户的创作需求——将脑海中的想法打造成看得见、摸得着的实体。

行路多艰，道阻且长

创业从来不是一帆风顺的，即使陈天润享受了政策利好、掌握核心技术、自身又能力过人，但在漫长的创业路上，也时时要面对挑战。

公司成立之初，只有两三个人。尽管如此，陈天润从没怀疑过自己做产品、开公司的初心，他更相信这个新颖的概念和想法，最终会得到大家的认可。

公司成立后，陈天润开始了漫漫的融资路。找了很多投资人，最终都以失败告终。由于产品当时还处在比较早期的概念阶段，很难做出一个完善的原型给投资人看。为了项目的快速发展，走向资本市场必不可少。陈天润奔走于各个投资机构，但大家的态度都以观望为主，很多天使投资人希望看到一些确定性因素后再入场。这一路上，陈天润一直在不断遭受拒绝和打击。终于，2021 年 8 月，魔芯科技的供应商出于合作伙伴间的信任和对未来的期待，给予了魔芯公司第一笔种子轮投资。直到现在，陈天润依然感激这位从一开始就坚定地选择他的投资人。

　　融资不顺利的经历也让陈天润开始反思：魔芯科技想要征服市场，还需要付出更大的努力，因为打印机是消费电子产品，更是一个大众消费品，这个赛道竞争的激烈程度可见一斑，将产品量产并取得市场的检验是必不可少的，也是获得认可至关重要的。

　　在公司成立的头几个月里，陈天润带领团队一次次地进行验证测试，结构缺陷、信号干扰、软件性能等众多问题都在他们不分昼夜的努力下一一化解。

探寻源头活水，不忘学术梦想

　　很多本科阶段创业的同学都会在大四面临一个艰难的抉择——全职创业还是继续读研，陈天润也不例外。但陈天润在选择的时候并没有太多的纠结和犹豫，因为在他的内心深处已经有了明确的答案——公司是事业，读博是梦想，二者都想拥有。随着公司逐渐步入正轨，团队的成员也都辞掉了自己原来的工作，成为公司的全职员工，这也带动着陈天润把自己全部的精力都投入其中，但读博始终是陈天润的愿望。陈天润直言，他大二、大三所做的科研，并不完全是为了创业，反而是对学术的纯心，所以他最终选择在浙江大学计算机科学与技术学院直接攻读博士学位，将公司产品的核心技术与自己的研究方向相结合，打通实验室和车间的距离，做真正有意义、能落地的研究。

　　尽管现在陈天润的公司还不错，陈天润本人也成为同辈创业者中的佼佼者，但陈天润的目标远不止于此，他希望自己能够在电子信息领域做更多的事情。陈天润看到过太多曾经的巨头公司前期处于行业领先的位置，后期却因为缺少坚持向前看的视野，慢慢地落后下来。陈天润不希望这种事情发生在自己身上。因此，他决定坚持读博，在快速成长的过程中，能够始终跟踪前沿。在科研的过程中，陈天润能够了解很多前沿的理论和技术，保持接触新资源、新技术的能力，让自己始终保持对专业领域的敏锐，而不是被琐碎的事务牵住了向前看的视野。

对陈天润来说，攻博不仅仅是为了修炼自己，也满含着他对公司的期待。陈天润对魔芯科技的定位一直是要做真正的技术工作，要从事创新性、先进性的工作。技术制造的门槛是易得的，但技术创新才是未来保持竞争优势的核心壁垒，陈天润希望魔芯科技能够始终保有持续的生产研发能力和创新能力，始终把前沿技术掌握在自己手里。由于前期科研积累下的资源和能力，陈天润也在国内外拥有一些科研方面的合作者。创业后，陈天润和这些合作者依然保持着紧密的联系，并希望他们能够带动公司保持前沿的研发能力，帮助公司解决产品遇到的困难，为未来做好储备。

与此同时，对于这个土生土长的"浙大系"在校生创业项目，浙江大学也为他们厚植了科研的土壤。在这里，陈天润认识了各方面都非常优秀的老师和同学，和他们保持联系的同时，陈天润总能汲取新的营养。

但凡选择，总有代价。做出一边科研一边创业的选择，带给陈天润的是加倍的忙碌。别人眼中的陈天润是天才般的少年，但那个平时看起来玩世不恭，对大事筹谋在胸，却又永远保持着少年感和奇异想法的男孩，才是真实的陈天润。这个曾经性情飞扬的少年，现在每天扎根于工厂车间，过着连轴转的生活。用陈天润自己的话说，"每天的生活就是在工厂里打工、写代码，工作间隙搞科研，凌晨两三点睡觉，清早再起来继续工作，每天睁开眼睛就感慨：这个世界怎么会这么卷？"

一战成名，敢闯会创的创业少年

2021 年 10 月，陈天润带着他的创想和故事，前往江西南昌，参加第七届中国国际"互联网＋"创新创业总决赛。作为全国本科生组唯一一个登上决赛大舞台的项目，无数观众记住了这个台风幽默、敢闯会创的少年，"Go print"也在众多硬核项目中一路披荆斩棘，最后夺得季军。随之而来的是包括中央电视台《新闻联播》《焦点访谈》等各路媒体和栏目的关注与报道。

在陈天润眼里，比赛最大的收获不是一时的荣誉，也不是猛增的曝光量，而是在比赛结束后现场与评委的一番交谈。"其实我和团队成员困扰了非常久，我们的产品面向的用户会是谁？能够解决他们哪些痛点？"令他醍醐灌顶的是来自评委的点拨与肯定："不必给产品设限，一款暂时无法被定义的产品才是最有价值的产品。"这场特别的经历坚定了陈天润继续走下去的决心，激励着陈天润逐渐找到做产品的意义与价值。

一往无前，选择远方便注定风雨兼程

回到湖州创业园，起步阶段公司内外部的压力接踵而至。开发硬件绝不是单枪匹马的事儿，如何招到人手，如何实现合理分工，这些都成了摆在公司运作面前的现实难题。

更现实的问题是人才招募困难。德清位于湖州边界，毗邻杭州，而产业园又在德清县边线的开发区。通过不断向创业园区里的其他公司取经、与富有经验的当地企业家交流，陈天润和他的合伙人才渐渐揽入了 HR、电路工程师、结构工程师等第一批全职员工。

"我们也始终期待着在校生或应届生的加入。"对于尚处于校园的大多数同学而言，进入一线大公司实习风气正盛，大家希望提前适应职场的氛围或是提升未来的择业竞争力；而作为大学生创业者，陈天润则希望能有更多的新生力量加入。

2022 年元旦即将到来之际，魔芯科技也迎来了自己的新篇章，KOKONI 多功能 3D 打印机终于实现了量产。这个曾经在寝室里几个人鼓捣出来的"小玩意"，能够真真切切地走上生产线流动起来并稳定地大规模生产了。这些流动在生产线上的打印机，正如陈天润的心绪，用澎湃和激动去形容都显得过于单薄。看似寻常最奇崛，成如容易却艰辛。陈天润一路走来经历的苦涩和艰辛，在这一刻，终于有了回报。

2022 年 3 月 19 日，魔芯科技研发的 KOKONI 多功能 3D 打印机正式上线小米有品开始预售，仅 9 小时就众筹 100 万元。消息一出，浙大创业学生旗舰群里也为之沸腾，来自各个领域的浙大创业者们都注视着这个 00 后天才少年创造出的产品，无论是熟识的还是陌生的校友，大家都纷纷加入众筹，更有此前完全不认识的校友立刻下单全款支持。这种朴素的校友情和创业者之间的惺惺相惜，也是浙江大学良好的创新创业生态的生动体现。

4 月 2 日，KOKONI 多功能 3D 打印机上线两周，以 600 万元结束了产品的第一次众筹，国内外多家知名电子产品的代理商和运营服务商纷至沓来，争相恰谈代理合作事宜，产品也从中国出发，远销海外众多国家。

"我们很快就会成为大家眼里的大公司。"正如陈天润在第七届国际"互联网 +"大学生创新创业大赛总决赛冠军争夺战舞台上所说的那样，他们正在跑步奔向那一天。

三、创业小结

作为本科生起步、又是技术驱动的创业项目，陈天润花了很多的精力和努力去平衡科技探索和商业化的道路，探索充满创意的新产品的技术可能。他通过努力寻找各方资源合作，一步一个脚印地向着目标前进。和前辈相比，陈天润的未来路还很长，但这同时也意味着未来的可能性和想象空间无限大。

创业并非易事。尽管很早就听闻前辈如是道，但真切地去实践时，陈天润才意识到这背后可能遇到的困难和挑战，一次次在办公室加班到后半夜，艰难地招募团队、建立规范和体系。所有这些，当产品上线之后，即公司的 KOKONI 3D 打印机于 3 月由小米有品首发上市，取得市场积极的反馈后，让陈天润倍感值得。互联网的时代让代际之间的差异仿佛缩小了，信息足够快速的流通让众多的通道也因此打开。

在消费电子智能硬件领域，保障用户体验并保证产品稳定可靠十分重要。这给一个初创团队带来了很大的挑战。在产品开发过程中，陈天润团队进行了大量的认证和测试。当然，经历这个过程本身就是对产品的磨炼和对创业者综合能力的提升。陈天润感激那些信任他的人，也将在做好眼下产品的同时不断开拓符合市场需求的前沿产品，为更多的人带去价值。未来，陈天润也无比期待能够做出更有价值的事——让产品助力更多人的"创意实现"，用他们的力量助推科技强国的发展，把握时代节拍，接棒"中国智造"，争当新时代的能工巧匠。

四、案例点评

创业是一项复杂而艰巨的事业。在创业中需要创业者自身对商业机会、前沿信息等的敏锐感知与识别。在面对挑战时，既需要创业者保持饱满的激情与坚定的信心，又需要创业者从市场的角度不断思考与改进产品；既需要实现产品技术本身的突破，同时也需要实现对市场需求的满足；既需要组建合适的创业团队，让团队中每一成员能充分发挥其个人效能，又要通过组织的力量相互协作，将团队效能发挥出来。对陈天润创业产生重大影响的主要因素如下。

创业者要对科技有着敏锐的嗅觉。对机会的敏锐感知几乎是每一位创业者都必须具有的天赋。陈天润一直以来就对发明创造有着极大的兴趣，并且善于从生活中寻找灵感。这种对科技的敏锐嗅觉，无论是对 Go print 项目还是 KOKONI 多功能 3D 打印机项目，都起到了至关重要的作用。

创业过程中要对前沿领域始终保持高度的关注。对于科技领域来说，无论是知识还是技术都在发生着快速的变化。因此，陈天润在校学习专业知识的同时，也在横向和纵向两个维度不断积累，在涉猎交叉学科甚至平行学科的同时，持续关注着专业领域最前沿的知识，在积累中不断迭代，在学习中不断拓展思维广度并持续升华。

企业的产品设计要对消费者易用性进行深入思考。在 KOKONI 多功能 3D 打印机上，团队发现当前市场中的打印机多是以单纯硬件的形式进行销售，需要专业三维设计软件才能使用，具有较高的门槛，不能满足大众消费者对电子消费品的使用需求。针对这个问题，陈天润开发了手机 APP，使用户可以自行设计，更为方便地将自己的日常创意变成具体实物。

个人效能的发挥要与团队内部有效协作。优秀的创业团队需要在不同领域都有专业的人员，技术方面如此，管理方面也是如此。

因此，在公司运营中，将专业化工作交给专业人士才能发挥其个人的最大效能，同时不同职责人员在专业的管理与组织下，才能更好地发挥相互协同的效能，共同推进企业发展。

下　篇

创业者行为

创业者行为是指创业者创办新企业、建立新组织的行为，是创业者对现有资源或通过努力能够拥有的资源进行优化整合，从而创造更大经济或社会价值的一系列行为组合。

创业者任务艰巨、繁琐而复杂，包括知识学习、新技术采用、组织变革、市场定位、新产品开发、团队建设以及商业模式开发等。这不是仅有创业意愿的人就能完成的，只有那些具有创业者特质、创业者精神的才能坚持下来并走向成功。

优秀的创业者要不断调整产品、创新产品，要不断打磨产品力以满足用户需求。

团队搭建与磨合对创业影响巨大。合理确立团队目标与团队成员能力搭配一样重要，精简高效的团队模式与相对开放的组织文化是团队进化的必要条件。

商业模式的创新就是要在一个相对传统的行业中开辟出属于自己的细分市场，这是最难被竞争对手模仿的核心资产。

案例十四

田宁：为梦想奔跑

一、概述

创业者

田宁，盘石集团创始人、董事局主席，全面负责盘石集团的战略管理工作。1977 年 9 月出生，2000 年 7 月毕业于浙江大学动物科学学院动物科学专业，获学士学位。于 1999 年大三期间创立中国首批大学生企业盘石计算机工程有限公司。

浙江省政协委员、浙江省工商联直属商会副会长、中国农村青年致富带头人协会副会长、全球浙商总会互联网委员会主席。曾获"全球青年领袖""中国民企年度创新人物""中国电子商务杰出贡献人物""浙江十大杰出青年""科技新浙商"等荣誉称号。

公司简介

盘石由田宁携团队于 2004 年在杭州创立。公司的使命是"赋能全球数字经济"，公司的愿景是"成为全球数字经济平台领跑者，坚如磐石，持续发展 107 年"。

盘石致力于大数据技术革命驱动的全球数字经济建设与发展，深度挖掘数十年积累的盘石云大数据，通过盘石全球数字经济平台旗下的 SaaS 云、社交数娱云、数科云、直播电商云、数字城市云、数字人才教育云、新消费云七朵云系核心服务，打造以盘石大数据为基础而交互连接的商业生态。

盘石用数据智能服务全球数字经济，将云计算、大数据、人工智能、SaaS 模式运用到互联网数字服务领域，形成了标准化的业务体系，涵盖零售、快消、制造、出版、教育等多行业，面向全球中小企业与个人消费者，提供多维度、全方位的数字和智能化服务。

盘石拥有来自国内外一流大学与公司的千人研发队伍和行业专家，十多年以来，盘石所提供的系列产品已经服务全球数百万企业用户和亿万个人用户。盘石总部位于杭州，并在近 30 个国家与地区设立了子公司。目前，盘石海内外员工总数近 3000 人，其中海外员工千余名，全球市场战略布局仍在快速持续推进。

二、创业历程

几乎每一天，田宁都在奔跑。6 点起床，晨跑 5 公里，是他多年坚持的习惯。他喜欢这项坚韧而孤独的运动，喜欢那种挥洒汗水、甩开膀子，朝着目标一步一步逼近的感觉。一如他 20 多年来，在创业的跑道上不知疲倦地奋斗。在每一天的追逐中，田宁和他创办的盘石变得越来越强大，创业的梦想也变得真切而高远。

大学生涯，爱折腾的浙大学生

田宁 1977 年 9 月生于浙江湖州一个普通家庭，他对成功有着强烈的渴望，从小就梦想能当班长。但这个愿望，一直到上大学才实现。1996 年，田宁考入浙江大学，喜欢小动物的他选择就读动物科学专业。

田宁并不安分，进入大学的第二周，就开始勤工俭学。读大一时，田宁鼓动两名同学一起到西湖边卖玫瑰花，批发价一枝 5 毛，他们卖 10 元。有同学一晚上一枝玫瑰都没卖出去，他却赚了 600 多元。窍门在哪儿？田宁的总结是：脸皮厚，还有特别执着。捧着玫瑰花，他绕着整个西湖走了一大圈，花了三个多小时。只要是成双结对的，他都凑上去兜售。

让田宁记忆犹新的还有寒假卖洗衣粉的经历。1996 年春节的前一周，田宁早晨 5 点起床，骑自行车载着两麻袋洗衣粉四处兜售，一直干到深夜 12 点。一天下来，他从头到脚整个人都是白的。这样的苦，一般的天之骄子吃不消，也不屑吃，但田宁却满心欢喜，一个星期他赚了上千元，这在当时是一大笔钱。

从卖花、送洗衣服、倒卖小玩意中，田宁发现了自己的经商能力，也一步步积累起了商业经验。在那个年代，"创业"两个字离人们还不是那么近，尤其是像田宁这样的大学生，本可以凭借高学历找到一份稳定体面的工作，但他偏偏对创业充满热情。

他很早就想清楚了自己要走的路：走学术搞不过一众学霸，自己爱折腾也不适合按部就班的公务员，最适合自己的就是走自主创新的创业道路。

这位浙大系创客，在大学时期就展现出过人的商业天赋和才干。他自身突出的能力、准确的判断、快速的抉择，也成为日后在创业路上能够顺势而为、在时代浪潮中站稳脚跟的决定性因素。

一次创业，浙江省大学生创业成功第一人

1999 年，田宁读大三，那时互联网距离普通人尚远。因为看到美国 eBay 等新兴企业带来的一波浪潮，他拉着两位同学，注册成立盘石计算机工程有限公司。这是浙江首家大学生创业企业。

为了创业，他们三人从亲友处各筹得 3 万元，杭州市灵隐街道科协投入了 1 万元。大学生创业，资金是个绕不开的难题。田宁和团队伙伴在最初半年就遭遇了挫折。10 万元的启动资金，因团队缺乏融资经验，很快烧完了。"对我们想做的互联网教育培训咨询业务来说，10 万元只是杯水车薪。没钱，就干不下去。"绝境中，他们想出了"贸技工"的办法。当时互联网尚未普及，电脑在中国老百姓眼里还是个稀罕物。但田宁坚信互联网能够真正拉近人与人之间的距离，使人们工作和学习更加便捷，而这一切的载体就是电脑。田宁决定转向硬件销售，也就是利润丰厚的电脑行业。这个决策为他们带来了"第一桶金"。

2004 年，位于杭州文三路的盘石计算机工程有限公司成为浙

江排名第一的计算机销售商，田宁也成为浙江大学生成功创业第一人。

27 岁的田宁已是千万元富翁，但他没有忘记自己创业的初心。当时硬件市场是赤裸裸的资本市场，有多少钱就做多少生意。而互联网没有物流、没有库存，只要有网线就可以做。"做互联网一直是我的梦想。"田宁是一个执着追求梦想的人。"盘石创业之初就是为了做互联网行业，虽然创业那么多年了，但这个梦想一直挥之不去。当时，我经常开玩笑说，卖计算机就等于卖大白菜，白菜卖得再多，利润却很少。"

随着电脑硬件的普及，也是在巅峰的一年，田宁选择了转型，把战略定位转移到方兴未艾的互联网行业。田宁说话的时候，眼睛明亮得会发光，他说："这个世界每天都在变化，唯一不变的就是变化。"

二次创业，烧掉 3000 多万元

田宁离开蒸蒸日上的电脑销售公司，单枪匹马开辟网络广告新战场。2004 年 11 月，盘石信息技术有限公司创立，开启了田宁第二次的创业征程。

2004 年，中国不含搜索引擎的网络广告市场为 18 亿元，中国网络广告市场占整个广告市场不到 1.4% 的比重。田宁却敏锐地嗅到未来的营销一定是互联网营销，于是他给公司的定位是：以精准、定向网络营销分析技术为基础，做企业网络营销服务提供商。

2004、2005 年那几年，广告对于中小企业是"镜中花"，高昂的广告费用让它们望而却步。"浙江中小微企业比较多，对它们来说，互联网广告更实惠，投放也更精准。我们就为这些企业服务，让它们做得起广告。"田宁看准了这一需求，他认为中小企业在未来会是一个庞大的市场，而这个市场需要更低廉的广告成本、更好的广告效果。因此，盘石信息技术有限公司推出了为企业提供互联网广告全面解决方案的服务，通过精准、定向的互联网广告，帮助企业将广告准确地传播给目标客户群。

盘石成立之初，遇到了很多创业企业都会碰到的难题，比如人才、业务、资金等问题。第二次创业，足足烧掉 3000 多万元，业务才有了起色。田宁和他的公司再一次从困境中活了下来。也正因为田宁敏锐的洞察力和力排众议的决断，盘石逐渐成长为行业领跑者。

2010 年，盘石服务的浙江中小企业已达数万家，通过互联网广告拉动浙江省 GDP 增长 430 亿元，直接带动中小企业就业 35 万人。一年后，盘石跃升为中国最大的互联网广告代理商，公司一年的营收达数亿元。

三次创业，从夹缝中走出来的网盟巨头

随着公司业务的不断发展，互联网广告市场也发生着"追不上"的变化。田宁看到，即便互联网发展得如火如荼，互联网广告赶超传统广告的速度与日俱增，但彼时的互联网广告，对于无资源、

无资金、无渠道的"三无"中小企业仍是难以承受的负担，因此他带领盘石打造了盘石网盟。

田宁说："盘石网盟的初衷就是要让每一个中小企业，都能买得起、用得起互联网广告，不论是在新浪还是在腾讯。所以我们想到共享广告位，数千个甚至数万个广告主共同在一个广告位发布信息。网络广告行业必须转型升级，开始一场革命。"田宁认为，更低的广告成本、更好的广告效果，才符合中小企业的发展要求，"什么形式最适合中小企业？就是网站联盟"。

角色转换，从创业者到行业革命者

"认准了，就坚持。"田宁大手一挥。2011 年，盘石投资数亿元研发了盘石网盟，配置了 3000 台服务器，走上自主研发之路。从 2012 年起，盘石开始转型升级，从一家互联网营销公司变成专注做网站联盟的公司。田宁和公司一起承担了很大的压力，2012年到 2014 年，连续三年巨额亏损。"当年盘石做了一个减法，我们砍掉了很多赚钱的业务，变成国内第一家专业做网盟的企业，这是国内第一家吃螃蟹的企业。"田宁说，他觉得这个方向是不会错的，"网站联盟业务收入好的时候，可以占到 Google 收入的一半，这是一个什么概念，一定有巨大的市场。但是盘石网盟一出江湖，就要和很多大企业 PK，自己不强，马上就会被对手秒杀。同样，对手有多强，也说明自己有多强"。

田宁很骄傲，一年多的发展证明他和盘石的减法做对了，"全国 3000 多万家网站、4000 多万家中小企业都是我们潜在的客户，这是非常大的市场"，"我下了决心，未来要做全世界最好的中文网站联盟"。A 型血、处女座的田宁是个非常执着的人，认准了这条路就要走下去。

盘石网盟的广告位共享，根据每个网民的行为习惯和兴趣爱好不同，通过大数据分析，给每一位网民进行标记分类，从而让他们在同一个时间同一个广告位上看到的信息是不同的，这样大大减少了广告资源的浪费，能让广告信息充分触达潜在用户，这就是盘石能够让每一个中小企业用得起广告的根源。

5 年后，盘石网盟的商业模式已经非常成熟了，按有效点击付费的模式受到广告主的热捧。同时，随着盘石大数据系统平台的不断升级，盘石能够抓取 10T 的用户数据，能够按人群属性、兴趣爱好、设备属性、投放日程、主题内容等精准定向投放，极大地提升信息触达率。

坚持的结果是，盘石成为中国互联网广告行业的领跑者，盘石网盟与阿里妈妈、百度联盟并称"网站联盟三巨头"。彼时，盘石网盟拥有 40 万家优质合作网站，覆盖 95% 的中国网民，有115 个细分行业。做这样的网站，田宁觉得是服务中小企业的良策。中小企业虽肩负中国经济的重任，自身的发展却十分受限，广告预算不高，而盘石网盟是他们投得起、超划算、看得懂的互联网广告投放平台。走向世界，打造全球数字经济平台 10 多年来，田宁的盘石成功了。

聚光灯下的田宁，操着带有浙江口音的普通话侃侃而谈，偶尔蹦出几个英语单词，不时发出爽朗的笑声。他总是穿着衬衫，脚蹬运动鞋，健步如飞，热情和活力足以感染在场的每一个人。企业家们在台上总是风光无限，但素有"新锐 CEO"之称的田宁说，做企业家就是做一辈子的创业者，日子绝对过得比员工辛苦。"我从来都说自己是创业者，因为一旦做企业，就需要每天迎接各种挑战，而且必须要赢。"田宁说，自己的工作时间一天超过 14 个小时，早上 8 点准时上班，晚上 10 点回家。

田宁面对的是风云变幻的互联网行业，在巨头的夹击下，如何生存壮大？在田宁看来，盘石还很年轻，对于企业发展来说，没有创新，就只有死亡。面对瞬息万变的互联网市场，盘石必须不断推陈出新。

2010 年后，突然被热炒的云计算概念将 SaaS 拉入人们的视野。随着人们对"云"认知的不断提升，企业对 SaaS 的接受度不断提高，带动起新一轮的风潮。基于盘石网盟中小企业的客户基础，2011 年，盘石正式切入 SaaS 赛道。

近年来，盘石的业务模块越来越丰富，线上专业市场、全球移动联盟推广、互联网征信、CPS 联盟推广和盘石互联网培训等全面开花。移动互联网的崛起，让田宁再一次不安分起来。他将目光和未来产业方向瞄准了移动互联网市场增长速度最快与市场潜力最大的亚非拉发展中国家，成功打造 Rocky Play 盘石全球文化出海平台。

目前，Rocky Play 已在 23 个国家开展数字文化业务，覆盖 100 多个国家的 50 亿潜在用户，累计付费用户数已超过 1 亿人。每天产生百亿条数据纪录，为海外用户提供视频、社交、直播、小说、星座、游戏等服务。凭借内容创新、技术创新、商业模式创新，在浙江省文化改革发展工作领导小组办公室的认定下，盘石凭"Rocky Play 数字文化出海"项目被评为第三批浙江省创新型数字文化企业。

田宁的梦想也在不断壮大。2017 年"数字经济"被写入政府工作报告，上升为国家战略。明者因时而变，智者随事而制。田宁敏锐地感受到，单纯的网盟服务已经不能够满足中小企业、制造业和传统实体经济的需求，他希望打造一个更高更大更全面的平台，让更多的企业能够从这个平台享受各种资源服务，拥抱数字经济。

"千万个思想不如一个行动，想了没用，你得做。Just do it！"如果你见过田宁创业之初的模样，也许会更懂他的这句话。在经济全球化趋势加剧、"数字经济"席卷全球的时代背景下，2017 年，在田宁的带领下，盘石整合数十年来积累的盘石云大数据与服务经验，打造了"盘石全球数字经济平台"。在此基础上，构建了 Rocky SaaS 全球商业平台、Rocky Play 全球数字娱乐平台等，建立了全球数字经济互联网生态圈系统。公司致力于通过最前沿的互联网信息技术，帮助中小企业、制造业和传统实体经济转型数字经济，把"赋能全球数字经济"作为第一使命。

2018 年 10 月 17 日，盘石全球数字经济平台获得了强力助推器——新一轮融资 22.5 亿元人民币。"数字经济就是要求企业把先进的互联网信息技术融入生产、销售的各个环节中去，改变以往旧的经济模式，提质增效，同时走出去参与国际竞争，而这一切我们的平台都能做到。"田宁自豪地说。

盘石全球数字经济平台的建立，切中了当下国内乃至世界经济转型的痛点，尤其是移动互联网、云计算、大数据与现代制造业的结合，对全球传统制造业、中小企业、实体经济来说不失为一剂良方。随着盘石全球数字经济平台的诞生，盘石也承载了新的使命和价值观：成为全球数字经济平台的持续领跑者，助力全世界的中小企业成长。如今，盘石集团为全球超过 650 万家企业用户和 2 亿个人用户提供服务。

疫情来袭，2020 迎接数字经济的爆发

2020 年，一场前所未有的疫情来袭。新冠病毒也深刻地改变了全球的政治、经济格局。企业发展壮大后，怎样更好地回报社会，是田宁心心念念的大事，更是他的秉持。"一个优秀的企业不仅要植根社会，更要回馈社会。"在他的带领下，盘石公司一直秉承"源于社会，回报社会"的宗旨，在抗疫复工、精准扶贫、赋能中小企业方面频频发力。盘石多措并举、多方行动，积极投入抗疫、保供工作中，第一时间出资 3000 万元成立专项基金，用于防疫等公共卫生慈善事业。盘石还积极采取措施，为 255 万家

中小企业用户提供 SaaS 软件免费服务，帮助其在线复工复产。

疫情重创旅游、餐饮等传统行业，却促使数字经济爆发式增长。疫情出现之后，人们需要保持社交距离、减少接触，这给数字经济发展带来了契机。在线学习、在线开会、在线展览等，使更多人有了数字化生活、生产、工作的体验，加快了数字化进程。大量新业态、新模式快速涌现，在助力疫情防控、保障人民生活、对冲行业压力、带动经济复苏、支撑稳定就业等方面发挥了不可替代的作用。新业态、新模式催生了大量新职业，开辟了新的创新创富渠道。数字经济的魅力，就在于它时时刻刻在改变人们的工作和生活，进而影响着世界的经济格局。

田宁说："疫情成为新常态，对于每一位数字经济领域创业者来说，我们要担负时代责任，不仅要把自己的企业做大做强，还要推动产业发展。"商业嗅觉灵敏的田宁觉得疫情影响之下，2020 年会成为直播经济的爆发之年。中国的直播带货正在以无比创新的姿态进化与发展，盘石站上了这个风口。

2020 年 9 月 13 日，由吉林省人民政府、浙江省人民政府、中国网络社会组织联合会联合指导，吉浙对口合作高端智库主办，吉林省商务厅、共青团吉林省委、长春市人民政府、净月高新区管委会、盘石集团承办的第二届"中国网红吉林行"暨直播经济产业峰会圆满落幕。盘石打造了"直播经济产业峰会"系列活动，复制"中国网红吉林行"模式，联合头部、腰部网红主播直播带货，拉动各地直播经济和电商经济发展。

此外，盘石全球数字经济平台正在与多个城市开展合作，落地建设全球数字经济产业园城市区域总部，为当地引入与培养数字经济、直播经济、独角兽及准独角兽企业与上市公司，提供 SaaS 软件产品与服务，赋能推动当地实体、制造业、高端装备制造业、中小企业、美丽乡村转型升级，为助推各地数字经济添砖加瓦。

盘石密码，人类因梦想而伟大

盘石目前是估值超过百亿元的超级独角兽。2020 年 8 月，43 岁的田宁宣布"退休"，卸任 CEO，担任集团董事局主席，全面负责集团战略制定与规划。由陈孝民担任集团首席执行官（CEO），全面负责集团运营管理。新任 CEO 陈孝民是香港人，曾在 IBM 担任重要管理岗位多年，却放弃百万元年薪加盟盘石，一干就是 10 年。

业内人士分析，交棒是企业发展成熟的重要一步，关键是奠定良好的接班人制度，退出有序，使公司业务在新的管理团队运营下更上一层楼；同时，也让创始人抽身于事务性工作，以更高的视野看待未来，从执行者变成战略家。盘石做出这样的调整有助于盘石国际化的战略，同时也将会史好地满足业务发展需求。

从几十个人的小公司，发展到近 30 家子公司、全球员工近 3000 名的国际化数字经济平台，田宁只用了短短十几年的时间。走进位于杭州拱墅区的盘石大楼，一个三层楼高的大黄蜂机器人巍然屹立，温暖明亮的橙色调随处可见。这里有健身房、图书馆、食堂，一个个年轻人面带笑容，步履匆匆，在这里为梦想打拼。显然，盘石留下了创始人鲜明的烙印，活力满满，不断迎接变化和挑战。

企业的发展需要的是整体的配合，天时、地利、人和，少了一样，这个三角形都是不稳固的。所以要重视企业的一切因素，不要受企业发展的短板制约，这样才能在未来的竞争中立于不败之地。一个成熟的企业一定有着耐人寻味而又发人深省的企业文化。

经历了 21 年的摸爬滚打，田宁与他的管理层总结了"七剑"作为企业的核心文化价值观。"七剑"价值观是盘石最珍贵的基因，里面的每一条都是对盘石在自身发展过程中一路亲身经历的痛苦、磨难和打击的总结。

客户第一 —— 莫问剑：一切以结果为导向，客户是衣食父母

集体奋斗 —— 竞星剑：共享共担，坚持团队集体奋斗

拥抱变化 —— 天瀑剑：随时迎接变化，敢于创新

激情快乐 —— 日月剑：积极乐观，永不放弃

学习成长 —— 青干剑：不断超越，天道酬勤

正直诚信 —— 游龙剑：正直诚信，言出必践

敬业担责 —— 舍神剑：担当责任，为自己和家人的幸福而不懈努力

盘石的"七剑"，是文化价值观的引领，也是企业文化力量

的实体展现。当被问及盘石成功的密码时，田宁谦虚地说："我们离心中的目标还相距甚远，还在创业的路上，还在不断地学习。"他认为，盘石之所以能稳扎稳打走到今天，"一是能够准确把握时代的脉搏和前进的方向；二是不断坚持，因为努力了不一定能够成功，但不努力一定不会成功；三是以奋斗为本，为社会、为时代创造更多价值"。

三、创业小结

回顾田宁的创业历程，从最初的计算机硬件，转到网络广告行业，再到发力全球数字经济平台，每一次变化都是重大调整。对于变化，许多创业者常常心存畏惧，然而在田宁看来是再正常不过的。"我们生活在一个伟大的时代，一个瞬息万变的时代，连续转型是为了更好的发展。企业发展唯一的确定是不确定，只有主动拥抱不确定性，拥抱变化，与不确定性做朋友，学会与之相处，持续变革自己，企业才能持续保持活力，持续创新，持续发展。……每一次创业都让我们离梦想更近了，没有人的梦想是与生俱来的。创业者一开始创业，梦想就是改变生活，实现阶段性进步之后，一定会去追求一个更大更高的梦想。……每一个企业家都是社会价值的创造者、社会财富的创造者，同时也是社会责任的承担者和贡献者。至今为止，盘石只是迈出了一小步。未来，我们将不负这个伟大的时代，以责任感和使命感为更多企业快速发展、走向全球贡献力量。"梦想会随着创业不断成长，正是这种对梦想的执着与不懈的努力，使得田宁越走越远。无论是儿时想当班长的梦想，还是之后想要创业的梦想，田宁都靠着自己的热血和激情在这条漫长的道路上坚持了下来。就像田宁说的那样，他一直坚信，人类因为梦想而伟大，永远要相信梦想一定可以实现。

四、案例点评

通过盘石的发展与创业者的故事，我们能够感到丰富的创业经验和敏锐的创业警觉对于识别和把握创业机会的重要性，创业者超强的行动力对于创业成功也同样具有巨大的意义。

案例故事中创业者利用自己对事物的了解与判断，发现并开发出了商业机会。不同时期，社会经济、环境、政策等因素都不同，因此商业机会与商业模式都有很大的差别。在这当中，创业者对变化的信息、行为模式、消费模式的敏锐观察，我们称之为创业者个人的警觉性。具有警觉性的创业者能够洞察潜在的商业机会，并且越是强烈的警觉性，其在创业中识别与发现机会的可能性越大。

正如案例中的田宁，在创业过程中能够敏锐地感觉到当前的市场需求，找到商业机会，从而随着时代的发展一起发展，不断壮大自己的事业。

案例十五

李伟: 技术·团队·创业

一、概述

创业者

李伟, 1983 年 9 月生, 2002 年从河北考入浙江大学计算机与技术学院, 2006 年保送本校研究生, 直接攻读工学博士学位, 研究方向为分布式系统及数据一致性。秉承浙大产学研的传统, 2005 年, 正上大四的李伟开始在微软亚洲研究院 UI 组实习, 负责真实物理效果模拟, 并在微软完成本科毕业论文, 当时 UI 组负责人正是王坚博士。2006 年李伟开始攻读博士学位, 并于同年加入道富 (浙江) 技术开发中心, 负责金融报表核心模块 Formula One 的研发与维护工作。2007 年完成道富的阶段性工作后, 加入硅谷创业公司 Schooner 杭州研发中心 (Schooner 致力于闪存及基于闪存的数据库解决方案研发), 并负责整个研发中心的开发、测试与实施工作。2016 年 7 月, 李伟创办杭州趣链科技有限公司。

李伟现任趣链科技创始人兼首席执行官, 曾获 2019 全球浙商金奖、杭州市 2018 年度创业人物等多项荣誉称号, 担任中国青年企业家协会理事、中国计算机学会区块链专业委员会委员、全国区块链和分布式记账技术标准化技术委员会委员、浙江省工商联执行委员、浙江省区块链技术应用协会副会长、杭州高新区（滨江）新生代企业家联谊会理事会会长及重庆市先进区块链研究院院长等社会职务，致力于推动区块链技术的应用推广及创新发展。

公司简介

2016 年 7 月，杭州趣链科技有限公司于风景优美的西湖边诞生。发展至今，趣链科技积累了越来越多的区块链应用场景落地经验，从最初的项目承建，逐渐成为各行业的区块链解决方案专家，与客户共建基于区块链的全新蓝图。公司的业务也由早期专注于金融领域，逐渐扩散至司法、政务、能源、交通等，在各个领域落地开花。趣链科技给行业交出了一份几近完美的答卷，创下多个区块链行业"第一"——

首个国产自主可控联盟链。

首批通过中国信通院可信区块链测试。

首个支持节点数超过 1000+。

首个金融业商用联盟链应用。

首个跨区域、跨互联网域联盟链。

首个区块链供应链金融平台。

首个能源区块链应用。

首个市场监管领域区块链应用。

首个政法领域联盟链。

区块链领域首家省级标准国际化示范单位。

二、创业历程

在实干中积累经验

2007 年对于李伟来说相当于一次创业经历的开端，虽然不属于全脱产创业，但完整经历了一次创业周期。2007—2015 年，他全面参与了一个创业团队从技术层面的基础框架的设计、核心模块的开发、测试框架的构建、页面的展示等，到管理层面的团队搭建、人员管理，再到营销及市场层面的路演、宣传、意向客户的拜访，并代表中国区研发中心对投资人硅谷红杉进行汇报。彼时的他频繁来往于杭州与硅谷，2008 年有差不多 9 个月在美国待着，连北京奥运会都是在美国看的。

2012 年，Schooner 被 SanDisk 收购，他也见证了整个闪存市场从兴起、爆发、平稳到逐渐成熟的过程。2013 年，李伟博士毕业后留校，将部分工作重心逐渐转移到学校相关的科研横向项目。适逢国内大数据交易市场兴起，李伟带领浙大团队支持完成上海数据交易中心的早期规划，并接触到越来越多的领域，比如上海证券交易所的证券领域、上海亿通的国际海运贸易领域等。也在这个时候，李伟逐步明确了要做一点自己的事情的想法和目标。

确定发展领域，坚定发展使命

2015 年，伴随比特币"触底"和"区块链 2.0"概念的兴起，国内外企业都在重新发现区块链在商业应用上的价值。以太坊的上线，标志着区块链从一个相对简单的技术概念，变成了客观事实，尤其有了图灵完备的智能合约的支持，为区块链技术的广泛应用提供了无限可能。同时，IBM 开始尝试企业区块链产品 Open Blockchain，即后来贡献给 Linux 基金会的开源项目"超级账本"（Hyperledger）。

由于浙大与道富银行一直存在科研合作，所以 2015 年区块链逐渐在华尔街兴起的时候，道富银行和浙大的合作科研项目中就多了一个区块链课题。严格来讲，在与道富区块链合作项目之前，李伟对区块链并没有深入的了解，但是经过多个项目的验证与开发，他感受到了一个强烈的信号，这项新兴技术已经逐渐显示其巨大的潜力，必然在各行各业大有作为。同时，作为技术咖，他和他的团队对于区块链技术的直观感觉是门槛足够高。

"我们不能选择技术门槛相对不高的事情去做，O2O、共享经济等模式最终拼的是资本和运营，这不是我们的强项。而区块链技术有一定的门槛，更适合我们这样专注于底层技术的团队去做。同时，我们又专注于金融科技多年，具备了一定的金融知识和丰富的客户资源，可以将金融作为区块链技术的第一个应用领域。在技术、业务、客户都到位的情况下，区块链领域的创业就水到渠成了。"

李伟心目中"科技"最终的归宿是"向善"与"利民"，这份信念来自他本人浓厚的家国情怀。

2020 年，是不寻常的一年。在防控新型冠状病毒肺炎疫情的关键时刻，李伟带领趣链科技第一时间自主自发向武汉捐款捐物，全力支援武汉抗击疫情。在疫情防控常态化下，经济仍然面临着生产经营的难题，国内外需求尚未完全复苏，无法迅速恢复到疫情前水平。李伟始终坚持社会责任担当，为抗击疫情贡献个人力量，带领企业回报社会，切实履行社会责任。

在抗击疫情攻坚时期，保障医疗防护物资供应，让捐赠医疗资源流向最需要补给的医院等机构，成为抗击疫情的重要一环。李伟放弃了春节假期，发动多家头部企业共同参与，带领团队在 1 周内开发上线了基于区块链的慈善捐赠溯源平台"善踪"，为疫情中慈善捐赠提供全链路可信、高效的解决方案。一方面，"善踪"使需求方拥有方便快捷的需求信息发布平台；另一方面，"善踪"使捐赠方能够顺利完成物资捐赠，不仅如此，公众还能看见且相信捐赠的全流程，让每一笔捐赠都能找到落脚点。在此过程中，社会对慈善事业的信任度也得到巩固和提升。善踪上线仅 4 个月，累计爱心捐赠量超 1400 条，需求量近 200 条，登记物资金额达数亿元。

"技术最终要服务业务、服务社会，才有价值、有温度。"李伟如同区块链的布道者，通过不断延伸区块链应用的广度和深度，创造更大的社会价值。

找准赛道，创立趣链科技

2016 年 7 月，杭州趣链科技有限公司于风景优美的西湖边诞生。正是因为团队的技术基因，李伟从一开始就没有选择彼时看似有较高短期利益的概念项目，而是踏踏实实地带着团队从源代码开始，做底层技术开发。趣链科技始终致力于构建下一代可信任价值交换网络核心技术及其平台，建立与物理世界匹配的数字世界，并解决数字世界中的价值可信流转问题。

起步于浙江大学一间小小的实验室，从文三路到丹枫路，趣链科技的区块链产业布局一路向前，在市场的洪流中激流勇进。经过五年多的发展，公司员工规模已达 600 余人，其中技术研发人员比例超 90%，且大多来自国内外顶尖高校。

作为国家级高新技术企业，趣链科技已经构建了完备的区块链技术产品矩阵——联盟区块链底层平台、分布式数据协作网络、区块链跨链技术平台以及一站式区块链开放服务平台，均为国产自主可控的区块链平台。

让李伟更骄傲的是，趣链科技拥有全球单链峰值速度最快、支持节点最多、存储容量最大的联盟链基础设施，其自主研发的区块链底层平台是国内首批通过工信部标准院与信通院区块链标准测试的核心技术平台，连续多次在中国信通院区块链功能测试和性能测试中名列第一。目前，公司已申请专利逾 600 项，参与制定国家标准和国际标准百余项，是我国主导并参与区块链制定标准最多的企业。

如果把 2015 年视为区块链元年，2016 年则是区块链产业深化发展和全面加速前行的一年。面对区块链市场的火热，各种区块链应用创业创新不断涌现，但缺乏可靠的区块链技术平台支撑，趣链科技自主可控的底层平台在 2016 年迎来了发展的良机。

"目前主流的区块链技术平台均发源于国外，且若应用于金融领域，在性能、权限和隐私保护等方面均需要较大的改进。所以，一方面趣链区块链底层平台的设计更加适合于金融领域的根本需求；另一方面由于国内外在区块链底层技术方面起步时间差距不大，所以有机会和时间打造完全自主可控的底层区块链平台，从而更加符合国家金融安全的要求，同时在全球区块链技术社区贡献自己的力量，打造国际一流的区块链底层技术平台，为众多应用的发展与落地保驾护航。"

于是，总部同在杭州的浙商银行作为金融科技的积极拥抱者，与趣链科技一拍即合。

2016 年 12 月，由浙商银行与趣链科技共同打造的以区块链技术为支撑的移动数字汇票平台上线，这是国内首个基于区块链技术的移动数字汇票应用，也是首个银行核心业务的区块链落地应用。2017 年 8 月，趣链科技携手浙商银行再度深入合作，共同推出业内首个基于区块链技术的"应收款链平台"，该平台可将应收账款转化为电子支付结算和融资工具。截至 2019 年末，浙商银行应收款链平台帮助 11000 多家企业融通了 2100 多亿元资金，成为国内最富影响力的产业金融标杆产品之一。

不难发现，在趣链科技创业初期，与浙商银行的携手开辟了区块链应用的新世界，具有里程碑式的意义，打造了金融科技服务实体经济的行业典范。区块链技术与金融的深度融合，对金融新生态的塑造及未来发展有强大的驱动力。信任是金融业的基础，趣链科技稳定可靠的区块链底层平台成功构筑了未来数字化社会的信任基石，为各行各业提供了分布式商业模式的基础支撑。

在金融领域取得了不菲的成绩后，趣链科技开始向物流、仓储、数据交易、医疗、能源、智慧政务等非金融领域拓展区块链技术及应用，通过充分发挥区块链技术的优势与价值，解决传统行业痛点、难点。

扎实的技术基础，让产品遍地结果

基于扎实的技术基础，趣链科技的落地案例已遍布金融、民生、政务、司法、能源及制造业等关键领域，服务住建部、审计署、工信部、科技部、中国人民银行、四大行总行、沪深交易所、主流股份制商业银行、国家电网等上百家组织或机构，支撑业务规模达数千亿元人民币，服务人数达数十亿。

在金融领域，趣链科技携手国有银行、股份制商业银行、各地城商行、保险公司、交易所、金融科技企业等多家行业内外机构，上线了包括金融综合服务、供应链金融、银政互联、银企互联、资金监管、园区金融、信用保险、押品管理、风险信息协同等多场景的区块链解决方案。2017 年，趣链联合浙商银行推出全国首个基于区块链技术的企业应收账款链平台，解决中小企业融资难、融资贵的问题，实现"区块链＋供应链金融"拓荒式创新。而后，与上海证券交易所携手，在去中心化主板证券竞价交易的场景中进行验证，将区块链 TPS 提升到万笔每秒，这是国内证券交易所首次与区块链技术公司开展合作，也成就了当时第一个性能破万的联盟链平台。能力越大，责任越大。很快，与中国农业银行的合作也顺利展开，助力中国农业银行总行上线的区块链涉农互联网电商融资系统，为电商提供百万元融资需求，也是国内银行业首次将区块链技术应用于电商供应链金融领域。公司还为中国人民银行南昌中心支行建设基于联盟链的江西省金融业数据共享平台，连接中国人民银行南昌中心支行、全省金融行业大型机构和小型机构、省内相关政府部门，实现隐私保护前提下的数据定时自动报送、跨机构数据共享与模型计算、数据权限控制及业务监管审计等功能。

在政务领域，趣链科技积极探索区块链在政务服务和城市治理领域的运用。2019 年，趣链科技联合中国建设银行共同为住建部建设基于区块链的全国公积金数据共享平台，连通全国 400 余家公积金中心，实现跨地域、跨网络的公积金数据互联互通，支持公积金中心、住建部、税务总局之间的数据共享和业务协同，形成全国统一的公积金数据视图，并基于数据平台向公众提供业务查询、异地贷款和转移接续等业务，产生了良好的社会效益。
2020 年，趣链科技为浙江省市场监管总局建设首个基于区块链的
电子证据管理系统和在线取证固证系统，着力解决监管执法事前
存证难、事中取证难、事后认证难等问题，是区块链赋能监管科
技在市场监管领域的首次大范围应用。此外，趣链科技还先后为
浙江、重庆、成都、昆明、南昌等地进行区块链基础设施建设规划，
提供包括区块链基础设施建设、智慧城市建设、电子证照管理、
银税互动管理、建设资金监管、智慧交通管理、联合执法管理、
机房设备巡检、生活垃圾治理、能源交易管理及绿电溯源服务等
区块链解决方案，利用区块链技术赋能新型基础设施建设和新型
智慧城市建设，提升城市管理的智能化、精准化水平。

　　在民生领域，趣链科技充分发挥区块链技术在促进数据共享、
优化业务流程、提升协同效率、建设可信体系等方面的优势，为
人民群众提供更加智能、便捷、优质的公共服务。目前，已推出
包括众包薪资发放、在线学习认证、精准脱贫助困、便捷医保报
销、大宗商品溯源、食品药品溯源、房屋租赁管理、人才公寓服务、
慈善捐款溯源、环保监测治理、楼宇疫情防控等区块链解决方案，
与行业合作伙伴共同探索，赋能民生服务。其中，与中国农业银
行合作的"区块链 + 养老金"项目正式投产，极大地提高了养老
金业务的并行处理能力，业务效率提高一倍以上。趣链科技在疫
情期间助力防疫，上线的朝阳区商务楼宇疫情防控信息系统，在
疫情期间服务朝阳区 1122 幢楼宇，日均企业填报数量 9000 家左右，

日均员工填报数量 30 万次，帮助 3 万多家企业、98 万名朝阳区企业员工有序复工。趣链科技还与杭州互联网公证处抽奖摇号平台合作，帮助互联网公证处拓展大型电商线上抽奖、商铺摇号、车位摇号等业务场景，公证效率提升 50%，公证成本降低为原来的 1/3，覆盖用户超 2 亿人次。

在司法领域，趣链科技深耕"区块链＋司法"场景，积极探索区块链在公安、法院、检察院等司法场景中的应用，为客户提供一站式司法服务。趣链科技提供了包括公安音视频安全融合平台，法院执行立案系统、终本审查系统，信贷纠纷快速审理系统，行政执法综合服务平台等区块链解决方案。趣链科技还推动全国首个公检法联盟链在山西落地，推进区块链公证服务平台"采虹印"、之江区块链知识产权存证平台、浙江省市场监督管理局区块链电子证据管理平台、区块链监狱智慧管理平台及中国招标投标公共服务平台上线，联合律桐科技打造律师取证服务工具"平方取证"。2020 年，趣链科技推出的飞洛印综合司法服务平台，迎来首个全部涉案证据使用区块链进行取证的法院判例。如今，飞洛印已与浙江省市场监督管理局、杭州市互联网公证处、杭州互联网法院、上海虹桥公证处等各大监管机构、司法机构、公证机构以及各大知名律所及企业展开合作，平台上的累计存证数量逾 20 万条，已为近百家企业提供公证、版权保护、租赁仲裁、电子合同存证、档案存证、融资纠纷等服务，取得了显著的经济效应和社会效应。

国产自主，可控区块链底层平台发布

2016 年，有个重要的时刻应当被每个趣链人铭记，第一代趣链区块链平台 Hyperchain 正式发布。这款国产自主可控的联盟区块链平台，自面世后便一直备受行业关注。

技无止境，李伟带领团队不断打磨趣链区块链平台。基于自研的高性能共识算法，可支撑最高 5 万笔 / 秒的上链速度。网络规模方面，Hyperchain 是首个支持千个以上共识节点的联盟链平台，并可实现数十万个多类型网络节点分层部署。目前，趣链区块链平台已经完成与麒麟软件的互兼认证，在中国信通院区块链功能测评、安全测评、密码测评等测评中连年名列第一。

2020 年，趣链区块链平台推出了全新 2.0 版本，支持 TEE 账本加密、高效数据索引、链上大文件可信存储、安全审计、可信数据源等多项核心功能。升级后的趣链区块链平台可支撑 10 万级节点分层组网，支持日均 TB 级数据上链，吞吐量可达 5 万 TPS，是全球单链峰值速度最快、支持节点最多、存储容量最大的联盟链基础设施。

在新技术融合方面，趣链区块链平台加速发力区块链 + 物联网技术融合创新，自主研发区块链专用芯片、NoxBFT 大规模高效共识算法、可信数据证明服务、大规模分层组网模型等多项核心技术，稳步推进区块链的模组化、芯片化进程，深度布局工业互联网等领域。

值得一提的是，2020 年 10 月 24 日，趣链在区块链软硬件一体化领域实现了巨大突破，趣链科技联合中科曙光研发的区块链一体机正式发布。趣链区块链一体机全面融合了硬件、区块链基础平台、BaaS 平台，打造三位一体的产品服务新模式，采用国产操作系统"银河麒麟"，深度定制区块链专用硬件，集成区块链密码卡、网络加速设备、可信执行环境等硬件设备与技术。一体机的推出，降低了区块链技术应用门槛，满足了敏感场景高安全需求，实现了高频场景区块链性能突破，让区块链应用场景的落地更安全、更便捷、更高效。

"开源开放、共建生态"，这是李伟作为技术人的另一个坚持。2020 年 3 月，趣链核心技术平台之一——跨链技术平台 BitXHub 正式对外开源，BitXHub 在全球区块链市场上极具生态化竞争力，目前已发展成为国内影响力首屈一指的区块链跨链平台。同年 10 月，趣链科技加入中国唯一一个以开源为主题的全球性非营利性公益机构——开放原子开源基金会，为建设开放共赢的区块链技术生态贡献自己的力量。

成立研究院，全面接入产学研

2018 年 11 月，在浙江省网信办指导下，趣链科技与浙江大学联合成立了国内区块链领域的首个政、校、企合作机构——浙江省区块链技术研究院，这是国内首个由政府、高校、企业三方联手打造的区块链技术研究机构，将以国家战略需求为牵引，加强区块链技术的战略研究和技术应用，推动政府、经济、社会等领域的数字化转型，加快推进网络强省建设。

区块链生态，全面落地

随着区块链技术的发展，区块链的潜力已逐渐被市场认可，趣链科技在区块链技术应用落地方向，思路逐渐明朗化、多样化、规模化，也开始通过技术输出、合作投资等方式不断扩大公司的业务规模，同时带动整个产业链的发展，布局多产业、多领域的生态发展。

2019 年 10 月，在筹备多时的趣链科技秋季战略发布会上，趣链与海尔云裳物联、中企云链、云品荟、律桐科技、云南亚太示范电子口岸网络运行中心、美华系统等一众合作伙伴签约，突破区块链技术的边界，与多行业联动，共筑"区块链+"全新生态，给行业又立下标杆。2020 年，趣链科技联合中国招标公共服务平台有限公司、国信招标集团、国义招标集团等 7 家头部企业成立北京中招公信链信息技术有限公司，旨在维护开放公平的市场竞争交易秩序，优化市场资源配置和效率，提高社会经济发展成效。趣链科技立足新生态，不仅是对行业与社会发展趋势的主动拥抱，也是对技术与场景跨界结合、推动"信息互联网"向"价值互联网"变迁的又一次突破。

一路走来，趣链科技凭借先进的区块链技术备受资本市场的青睐。2016 年 8 月，趣链获 1750 万元 Pre-A 轮融资，通过战略融资逐步扩大自身的竞争优势。2017 年，趣链获得数千万元 A 轮投资，逐渐发挥出科技助力数字经济发展的势能。2018 年，面对广阔的市场前景和来自各方的挑战，趣链紧盯用户需求，开始进行品牌升级，优化了一系列产品功能，同时探索新科技、新领域的无限可能，将区块链技术在具体生产、生活场景落地，在服务企业、政府等机构的同时，引入更多的高新科技元素。同年，趣链员工共同见证了发展历程中更为闪耀的时刻：趣链科技获得新湖中宝、国投创业等共同发起的 12 亿元 B 轮投资，成为区块链行业首个准独角兽。2021 年 4 月，趣链科技完成数亿元 C 轮融资，本轮由易方达领投、龚虹嘉带领的银宏基金跟投。自此，趣链科技正式成为区块链行业首家独角兽企业。

未来发展，让科学为社会服务

趣链科技把区块链作为核心技术自主创新的重要突破口，打造"重要窗口"的标志性成果，服务国家重大战略需求。未来，趣链科技将加快推进区块链技术与云计算、大数据、物联网等新一代信息技术的融合创新，在新一轮科技革命和产业变革交汇之际，发挥出以区块链为代表的科学技术的积极作用，深入挖掘和拓展应用场景，让科学技术更好地服务社会经济发展。

三、创业小结

职业角色转换，从大学教师到企业管理者

2013 年，李伟还在浙江大学教书，提起李老师，同学们的评价多为温和儒雅、文质彬彬。而今天李伟的标签，加上了偏执、严苛。创业对于李伟而言，不仅是身份上的改变，更是心态上的变化。2020 年抗疫期间，他在《致员工信》中写道："如果公司是一个温床，那么最终是所有人一起'灭亡'，团队应是目标导向的，每个人都要为之奋斗。"

趣链科技的企业文化是扁平开放的，但在工作中，李伟对员工的要求丝毫不含糊，这份偏执体现在对产品技术细节的追求上，体现在对产品质量的严格把控上。在工作之余，李伟还是会和大家打成一片。

商业角色转变，从技术乙方到行业共创者

2016 年，李伟团队接到了第一个区块链项目——浙商银行移动汇票项目。"当时没有金融基础，许多业务流程都得现学。"好在团队成员大多来自浙大等一流院校，强大的学习能力支撑着他们啃下了第一块硬骨头。

而后，随着业务量的增加，趣链科技积累了越来越多的场景落地经验，从最初的项目承建，逐渐演变成各行业的区块链解决方案专家，与客户共建基于区块链的全新蓝图。业务在各个领域

落地开花，趣链给行业交出了一份几近完美的答卷。

管理角色转型，从项目经理人到技术经理人

在新产品开发的组织结构中，项目经理人往往对产品规划、团队执行负责，但这样的思维放到市场中是行不通的。

世界级的领军企业早将技术商业化作为公司战略并付诸实施。因此，创业后的李伟开始更深入应用场景，更关注产品的市场表现，从工程师变成了商人。为了让区块链更好地走向市场，他花了大量时间参与金融科技论坛及其他产业峰会，同各行各业的头部企业交流，让技术更好地服务客户与市场的需求。

天时：时代选择了区块链

互联网发展至今，逐渐构建起了完善的生态体系，改变了很多产业，并极大地便利了人们的生活。第一阶段的互联网实现了人与人之间信息的高效率、低成本传递，但是没有解决在多个主体之间高可信、低成本地进行价值转移的问题，所以越来越多的中介应运而生。有没有一种技术可以构造更可信、更低成本、更普适的价值传输网络呢？

区块链技术，生而逢时。

区块链如同交通系统的红绿灯，构造了数字世界的规则和价值传递体系，是实现低成本互信的利器。"因为信任，所以简单，因为信任，所以看见最好的诠释。"区块链可以解决的是数字世界的互信，但无法反映物理世界，而物联网和 5G 等技术则可以把设备、生产线、工厂、供应商、产品和客户紧密地连接和融合起来，实现物理世界与数字世界的映射。区块链通过多点记账、全局共识的方式，实现了多维度的全局可信，极大提高了价值在网络世界中传递的可信度，逐步实现了数据可信、资产可信、合作可信，从而实现重塑互联网经济的作用。

区块链结合物联网、5G、云计算等技术，可以在实现物理世界和数字世界高效的价值互通的基础上，进一步提高整体的数据价值和协同价值，从而一起构成更大范畴的产业互联网，实现对目前互联网的重大升级，创造更大的社会与经济效益。

地利：浙江得天独厚的营商环境

身处互联网发展前沿的浙江，成为区块链技术创新创业的热土。而作为浙江创造力"第一区"、省市高质量发展"科代表"，杭州高新区自设立起，坚持"发展高科技、实现产业化"，区块链技术正是其耕耘的重要板块。作为一家杭州的企业，趣链科技今日的成绩离不开本地政府无微不至的支持与指导。

李伟曾打了个接地气的比方："在杭州创业，就像有了大后方，可以专注在市场上拼业务。"

2019 年 12 月 26 日，浙江省委经济工作会议在省人民大会堂举行，全面贯彻中央经济工作会议精神，研究部署明年经济工作。李伟受邀作为民营企业代表参与了会议，并在分组讨论中建言："数字经济是浙江的'一号工程'，趣链科技作为数字经济核心支撑技术的科技企业代表，更应加强技术研究，积极与产业融合发展，助力全省数字经济建设一号工程。"

在国家政策的大力支持下，趣链科技也将不断提升"知前沿科技、懂前沿科技、用前沿科技"的能力，把区块链作为核心技术自主创新重要突破口，结合自身发展情况，为经济发展和社会信用治理提供新思路和新途径，落地示范性应用，形成区块链集成创新和融合应用的"趣链模式"。

人和：人才，公司最宝贵的财富

趣链科技团队脱胎于浙江大学，公司核心团队成员大都来自浙江大学计算机学院。跟师兄弟们一起创业，李伟认为是一件非常幸福的事，正所谓"兄弟齐心，其利断金"。

李伟对公司名"趣链"的定义是：链接有趣的人，做有趣的事。他希望所有加入趣链的伙伴都是兴趣使然，"公司是目标导向，只要你足够聪明，一小时完成任务，就可以去做自己的事情"。这是他作为一个管理者对区块链这个智力密集型行业的认识，只有在足够自由与宽松的创新环境中用兴趣和热爱去创造，才能出产精品。

从业务上来说，趣链科技是一家具有核心技术的软件公司；而在企业氛围上，李伟更推崇类互联网文化——平等、开放、亲和、活泼。公司管理只是分工和职责的不同，所有的交流与合作都是平等的，每个趣链人都可以有自己的想法，都有提出建议的权利，都有实现梦想的舞台。

人类从发现电力到大规模使用，经过了几百年时间，从计算机的诞生到普及，用了几十年时间，技术发展有一个萌发、狂热、低估、成熟的周期过程，区块链亦如此。5年的坚守，区块链行业逐渐归回理性，迎来了趋于平稳的成熟期，示范性应用被归纳总结，它所承载的应用场景塑造着新的生产方式、生活方式及空间格局。

四、案例点评

如本案例所总结的那样，一个创业项目的成功需要天时、地利与人和，即恰逢其时的发展趋势与良好的市场环境、政策环境都有着非常重要的影响，还有一点就是团队在创业中的作用。创业是一个向着梦想前进的过程，但这并不是一个人能够完成和实现的，需要有着共同创业梦想、能在一起打拼的伙伴，好的团队是创业中不可估量的财富。

总体来说，创业资源与创业机会都是创业活动的必要因素，同时创业团队也是支撑创业活动不可缺少的要素。

案例十六

林子翔：只有黄金团队 才能打造首选平台

一、概述

创业者

林子翔，1994 年出生，浙江丽水人，华中农业大学 2011 级本科生，浙江大学 2015 级硕士生，求是强鹰实践成长计划第十四期学员和紫领人才培养计划第七期学员，斑马仓创始人兼 CEO。曾获十大新锐杭商、十大青年浙商等荣誉称号，任中装协建材家居分会副会长和国家监督局检验中心全国无甲醛装饰联盟副秘书长。

组织介绍

斑马仓成立于 2015 年，在泛家居领域独创产业路由器模式，通过先进的大数据、云计算、区块链、AR&VR 技术及 SAAS 系统，整合泛家居领域核心资源，全面赋能 B 端，提高核心竞争力，解决整装行业供应链痛点，打造泛家居行业发展高速公路，为中国房企和装企输出优质供应链。斑马仓在全国建立了 630 多个城市运营中心，开设了 300 多个场均面积超过 1500 方的共享展厅，拥有斑集会员 270 多万个，付费高黏性商家 7 万多个，服务 20 多万个用户，GMV 超过 50 亿元，整合包括床垫、瓷砖、厨电、卫浴等 10 大品类在内的全国 200 多家优质家具建材工厂。

斑马仓团队秉承"务实、创新、利他"的核心价值观，坚持梦想，砥砺前行，一路收获了无数赞许与社会荣誉。斑马仓曾先后荣获阿里巴巴诸神之战人气大奖，入围第五届中国产业家居发展大会 2018 年消费者信得过品牌，入选第七届中国财经峰会 2018 年最具成长价值奖。作为泛家居产业独角兽，获得 2019 年未来空间大会营销品牌奖，并荣获 2018—2019 年中国建筑装饰行业 & 建材家居产业科技创新品牌大奖。2020 年还参加央视《创业英雄汇》。

二、创业历程

创业起步，从加入创业社团开始

父母经营建材生意 20 年，林子翔从小便耳濡目染。在高中阶段，当同龄人紧张忙碌地应对学业时，他脑海里徘徊的却是创业之梦。利用暑假，他到父母的店里当导购员，练习销售技巧之余，还尝试进行市场分析。

在长辈的指导下，林子翔开始学习理财。除此之外，为了锻炼意志力，他还曾到工地上去打工，夏天的炎热和劳动的繁重，时常让他一整天大汗淋漓。那样的劳动强度和工作环境，是很多人无法想象的，他这才深刻地体会到底层劳动人民生活的艰辛。那时候他就在心里告诉自己，等将来有能力了，一定要尽可能去帮助这些生活在社会底层的人，让他们更有尊严和保障。也许正是这根深蒂固的梦想与希望，激励着他一直坚持到现在。

刚步入大学，林子翔就下定决心，要在大学的舞台有一番自己的成就。当别的同学加入音乐社、街舞社、话剧社时，他则加入了创业社团——"创行"。

与此同时，林子翔还参加了学校组织的菁英训练营、创业先锋训练营、挑战杯等，在浙大读研后，林子翔又加入了求是强鹰实践成长计划和紫领人才培养计划，这些经历给了他很大的启发并巩固了他的理论知识。除此之外，他还在学生工作方面担任了一些职务。这段大学时光让林子翔感觉到，最重要的就是结识许许多多优秀且有自己的想法、想要创造属于自己事业的小伙伴。一个人走得快，一群人走得远！

大学生涯，三段创业经历

在"创行"，林子翔进行了自己第一次的创业尝试——售卖花茶。他主导组建了运营团队，并获得了沃尔玛旗下投资机构的高度认可，得到第一笔创业启动资金。初具收益后，林子翔发现花茶有针对性的消费群体——学生群体，并对此制定了系统的校内销售模式。经过不断创新，校内花茶销售获得了可观的收益，他因此获得了创业的第一桶金，这段经历也给林子翔带来了巨大的信心。此后，他将校内业务拓展到了水果、盆栽等市场，都取得了相当出色的成绩，并获得了老师、同学的赞扬。

当然，在学校的创业经历也并非无波无折。受到前几次成功的极大鼓励，林子翔和他的小伙伴选择文创产品进行再一次创业尝试。因为不符合目标消费群体喜好，这一次的文创项目，并不像他预估那样得到市场好评，造成了大量的货物积压，最终只能以低价处理来回笼资金。那次失败给了他很深刻的教训，比投入产出更重要的是消费者的需求，满足消费者需求的产品才是好产品。在那之后，每一次创业尝试前，他都会做好充分的市场调查。塞翁失马，焉知非福。这次尝试虽然损失了资金，却获得了宝贵的商业经验。

大学期间最后一次创业尝试，林子翔选择了学院老师的专利产品。经过为期 2 个月的市场调研和实地考察，在确定产品有一定市场后，在赣州进行了试产和试销，获得了良好的市场反响，并得到达晨创投廖总的看好和投资意向。但最终，因为团队内部的问题，这次创业没有成功。虽有遗憾，但他没有纠结太久，人、产品、时机都要对，一两次失败并不会让他失去信心。"永不言败，永不言胜"，是林子翔的座右铭。

找准痛点，精准切入

2015 年，杭州创业风潮兴起，地铁上的乘客都在谈论着互联网、创业等话题。5 月，上海的夜有些燥热，林子翔与徐淼锋相见于酒店，而徐淼峰就是他要寻找的那个志同道合、创造未来的伙伴。在这之前，两人并不相识，但这次却谈得火热，林子翔从懂事起就接触这个行业，徐淼峰则具有 18 年的家装行业经验，他们两个人对家装后市场有异于常人的敏锐嗅觉和感情。从夜里 9 点一直到第二天凌晨 5 点，两人一直在探讨、梳理创业想法。同时，建材行业存在的问题和痛点，也让他们看到了远胜于财富的价值——家装后市场很多服务者非常辛苦，却没有得到应得的保障和回报。他们希望能够去规范这个市场，同时让家装后市场服务者能得到尊重，这是创业的初心。最终，他们决定先成立 e 修鸽，定位互联网家庭维修平台，用户线上下单，家政师傅线下接单、上门服务。

早上 7 点，两人从上海赶到杭州参加阿里的创业论坛。虽然只睡了两小时，但两人热情十足。会议间隙，徐淼锋抓住了提问王刚的最后一个机会，并给王刚留下了深刻的印象。王刚是滴滴的早期投资者，他对于徐淼锋提出的众包模式的维修十分感兴趣。几天后，在王刚的别墅，几人聚集在圆桌前。此时的王刚对另外一个北京团队也很感兴趣，两家项目、模式相差无几，几乎同时起步。"如果一个月能达到 1000 单，我一定投你。"对林子翔与徐淼峰，王刚许下如是承诺。

转换模式，实现弯道超车

2015 年，林子翔与徐淼峰创建 e 修鸽，切入家政维修市场，以众包的方式聚集维修师傅，用户下单后匹配师傅上门服务。软件外包给朋友开发，他们则聚集维修师傅。"等软件一上线，有了维修师傅，订单跑起来便顺水推舟了。"于是，两人拉来小伙伴，组成 8 人团队，每天扫街找维修师傅。

六七月是杭州最热的日子，他们一群人扫街像疯了似的，在施工工地、马路边寻找。师傅不理他们，他们就坐在人家电瓶车上不肯走。

由于软件是外包的，上线比预期要慢。等 e 修鸽上线，他们得知王刚已经投了北京那一家。一番波折下来，整个团队泄了气，8 人团队走了 6 个。

令林子翔痛苦的是，走的人都是他参加创业比赛认识的队友，是一起拿过全国大学生创业比赛奖的人。那时经历的挫折和现实情况，使得没人相信这件事情能做成，除了他与徐淼锋。

不管怎么样，也要坚持下去。创业路坎坷，在最开始选择的那一刻，林子翔就早已做好了披荆斩棘的准备。靠着已有的模式，e 修鸽最终拿到了种子轮融资，由南鸿装饰股份有限公司投资。

扩建团队后，考虑到五金店买配件的客户多半有维修需求，团队在线下进行五金店地推，让其成为门店合伙人。他们在五金店挂上二维码，把客户引到平台，配件由五金店提供，维修则由 e 修鸽的师傅负责，产生的订单与五金店分成。随即，团队便遇到获客模式的问题，是否要靠补贴获客、靠流量获取融资，而很多项目死于这种模式。

林子翔与徐淼锋分析，室内修理刚需且低频，补贴用户，既没必要，也没效果。不如补贴维修师傅，提升师傅的服务质量与口碑。于是，e 修鸽确立不做低价、做品牌的战略，"确保每一单都有利润，以服务取胜"。但师傅对于地推与补贴不仅不买账，反而说免费的都是骗子。考虑到装修师傅大多是老乡，他们想了一个巧招，给师傅钱让他们转介绍，效果很不错。

随后的市场反馈让团队欣喜，并且同京东、大众点评、淘宝等达成合作。在林子翔看来，这样不仅能降低流量成本，而且随着订单量的累积、服务质量与口碑的提高，推广场面会变得火爆。在日单峰值到 1000 单时，公司实现了盈亏平衡。

走出舒适区，为传统行业赋能

2017 年的夏天，在余杭梦想小镇一间不起眼的会议室里，一站式整装建材供应链平台——斑马仓正在酝酿中。启动斑马仓项目，也是源自他对行业格局的变化和趋势的判断。时代不同了，人们偏爱一站式采购，产业链上下游的整合平台是大方向、大趋势，跟着趋势走，就能掌握主流市场的大部分动态。

前期筹备基本到位，新项目 CEO 却寻而不得。时任 e 修鸽 CEO 的林子翔，自动提出辞去现有职位，担任斑马仓 CEO。

彼时 e 修鸽团队在林子翔的带领下已步入正轨，且顺利拿到 3000 万元的 A 轮融资。在这样前景大好的形势下，他的举动让人大跌眼镜。

林子翔却是这样回答的："逼迫自己在恰当的时间点去选择一条相对坎坷的路，其实就是持续不断地跳出舒适区。知道它难走，也知道它的收获肯定是更大的，所以选择收获更大的去做。"

林子翔花名"青云"。青云志远，他的创业梦很大。

很多人质疑，在传统家装材料渠道还占主导地位的情况下，斑马仓的供应链体系实质上是对传统家装材料渠道的变革，这势必招致传统渠道的抵抗。

其实，斑马仓的供应链体系并不是对传统家装材料渠道的变革，而是赋能，可以理解成家居建材领域的"美团"。通过线上斑集商城、线下共享展厅和后台科技工具，线上线下高效协同，为城市合伙人在当地打造集产品平台、销售平台、物流平台、服务平台和金融平台为一体的一站式家居建材供应链平台。

在运营过程中，也确实遇到过困难，毕竟家装建材行业比较传统，绝大多数人对新思维、新模式的接触需要时间。为帮助传统商家更好地转型，斑马仓推行落地为王原则，实行战区责任制，总部通过管理渠道下沉，在每个区域配备家装设计、产品供应链运营、SaaS运营、斑集运营、商家运营和营销策划等相关人员，培训、指导、协助城市合伙人组建团队、搭建平台和进行目标管理等，就地解决城市合伙人在实际运营中碰到的问题，为城市合伙人提供全流程保姆式帮扶。斑马仓还整合了160多家一、二线品牌厂家，可为城市合伙人提供当地合作商家。

打造家居建材供应链首选平台

斑马仓选择做供应链的初衷是为当地老百姓打造更贴近生活的人性化设计、更环保健康的新材料、更智能化的家居、更优质的工程品质以及更完善的售后一站式贴心服务，最终成为家庭装修和家居建材产品选购的首选平台。

同时，斑马仓打造的一站式整装供应链平台，帮助家居建材行业跨过难以逾越的痛点——准入门槛低，竞争白热化；销售渠道单一，获客难；品牌毛利下降，利润低；营销费用上涨，资金压力大；传统装修周期长，客户体验感差；卖场空置率高，互联网冲击大等。

2017 年 8 月，创立仅一个多月的斑马仓获得阿里巴巴诸神之战人气大奖，紧接着又一举拿下第四届"创青春"中国青年创新创业大赛浙江省金奖、首届浙商青云榜最具人气奖等奖项。

2018 年 5 月，斑马仓战略发布会暨全国供应商签约大会盛大召开，当场与 50 多位品牌供应商签订了合作协议，斑马仓体系中最重要的一环——供应链终于跑通。而大多数人不知道的是，在大会召开前夕，供应链部门仅有 2 名同事，应邀厂商则 100 多家。本已是应接不暇，令人意想不到的是，就在会议召开前几个小时，仍有不少厂商表达了到场的意愿。这消息让人在欣喜之余又有些猝不及防，别的不说，光是会场布置就是一项庞大的工程。为此，斑马仓全员出动，所有部门全情投入、不分彼此。当天，从布置会场、签到、引导到签单沟通，每个环节都进行得有条不紊。最终与 50 多家品牌厂商签约，这是对斑马仓最好的奖励。

2018 年 11 月 30 日，斑马仓全国布局 300 城，整整提前 1 个月完成了这一艰难而宏大的战略目标。完成这样目标的背后是每个斑马仓人对目标强大的执行力。个人有个人目标，组织有组织目标，组织目标相较于个人目标其实更难达成。个人与组织都需要做好目标规划，规划的意义在于，运用更低的成本，获取更高的达成率。

2019 年 1 月 10 日，斑马仓 2019 年度盛会在杭州成功举办，包括行业协会领导、品牌厂商代表、家装企业家、空间设计大师、营销机构代表、主流媒体等 400 多位嘉宾，齐聚一堂，共享盛典。斑马仓发布 2019 年战略规划，在泛家居领域开创产业路由器模式，会上 CTO 应叶琦更是提出家居大脑概念。斑马仓的智能化 SaaS，在泛家居行业备受赞赏。

2020 年 5 月 15 日，斑马仓发布家居建材行业首个社交电商平台"斑集"。斑集是消费会员＋推广会员的运营模式，用户体量远远超过一般的社交电商项目，产业升级带来了消费升级，而斑集的高性价比、高品质、高颜值的"三高"标准正好符合未来消费者的消费需求。斑集获得在场近百位家居企业家的高度认可，并纷纷签订战略合作协议。

经过这几年的实践，斑马仓为家装公司提供了更多的流量，实现了从设计、物料到工程全方位的提升。他们还独创了产业路由器模式，通过先进的大数据、云计算、区块链、AR&VR 技术及 AA 系统，整合泛家居领域核心资源，全面赋能 B 端，提高核心竞争力，解决整装行业供应链痛点，打造泛家居行业发展高速公路，为房企和装企输出优质供应链。

目前，斑马仓拥有 3 项发明专利，其中自主研发的智慧魔镜设备，内置了新中式、北欧、田园、地中海等 8 种不同家装风格，共计 69000 套原创装修方案。通过人脸识别系统，可初步识别客户的性别、年龄，结合客户输入的户型、预算和风格喜好，为客户量身推荐家装方案，满足不同客户的装修需求。装修企业使用他们的设备，能大大降低获客成本。公司还拥有 13 项软件著作权，全国各地的家居建材经销商都可在斑集上开店，为自己的线下店获客引流，从而形成线上线下有机结合 (OMO) 的一店两铺新零售模式，不断集聚会员，最终形成私域流量池。

三、创业小结

格局，决定了你能走多远

创业本质上是一场思维运动，更是一场竞速游戏。创业者要在做项目前给出精准判断，更要在过程中快速前进，防止后来者超过，还要提速超过领先者。

想加入创业这种竞速游戏，必须要拥有非常丰富的知识结构和前瞻的行业趋势认知，还要综合社会学、经济学、哲学、心理学等知识，最后做出决断。林子翔创过几次业，成功过，失败过，迷惘过，痛苦过，但一路风风雨雨后，终于得见彩虹。他身边有一群为建材梦拼搏付出的兄弟们，他的创业故事尽管艰辛，却异常精彩。

林子翔说，人的格局有多大，事业自然能走多远。一开始，他想做这行的时候，就是想把事业做大，做到行业领先。要把斑马仓打造成全球性的建材供应链平台，这也许在别人看来难度很大，但这就是他努力奋进的目标。当然，梦想需要一步步实现，他希望斑马仓首先成为一家业内认可的独角兽企业。

创业的意义非凡，因为创业本质上就是一种选择，要有前瞻性，要做出自己的风格，还要想明白项目的可行性、政策性、趋势性，这些都是创业的重要法则。

团队协作，才能凝结智慧

斑马仓的主力队员不是最优秀的，而是互补的。团队成员之间优缺点互补，每个人在团队里各尽其职。好的团队要有独特的文化价值观，斑马仓的核心价值观就是公平且全力以赴。团队成员每个月初都会制订KPI，没有完成的人必须接受惩罚。对于团队管理、公司发展、战略方向调整等问题，公司要有一个非常畅通的沟通机制，一个好的沟通机制决定整个团队能否健康长久地发展。

林子翔说，这早已不是单打独斗的时代，一个人去整合资源显然是笨拙、不明智的，但如果一群人去做，那效果就不言而喻了。这也正是他们在全国各地招募合伙人的原因。

很多时候，一个人的智慧是不够的，一个集体的智慧凝聚起来才是庞大的力量。比如他们有一个很牛的投资人俞朝翎先生，经常给团队指引方向。他们还有一个团结向上的团队，大家都很拼、很努力，很多员工都有自己的一些精彩话语，成就了属于他们的斑马语录。

预判，在创业中至关重要

淘宝模式成功后，太多人都看到了这块大蛋糕，但是看到成功后再去跟风的人，大多数失败了。为什么？因为时机。几年时间，对一个互联网企业来说，至关重要。大份额的市场已经被阿里巴巴承包了，一堆不知名平台去竞争稀缺的客户资源，失败是难免的。

今天来看，未来几年家装建材行业的机会在哪儿？林子翔认为，新零售、大数据、整装一体化，还有整屋定制。找到正确的方向和领域，然后去做成这些领域内的头部公司。

就像新零售，马云从提出到现在，还是有很多传统企业不重视、不作为。如果不能把握时机，那么结局也不会太乐观。所以，任何企业想要做起来，除了找准方向，把握时机太重要了。

"当人们的消费理念完全改变，当80后、90后慢慢成为消费主力军，整个社会的全方位变革就开始了。时代在变，消费群体在变，整个产业链都在变。机会与淘汰是并存的，如果你不变，那就要被淘汰，但如果你抓住这个改变转型的机会，也许你就找到了事业的切入点。"林子翔说。

林子翔说，他用创业的方式去选择、去塑造他想要的未来，不只是实现自我价值，更深远的意义在于解决传统家居建材行业的痛点，打造真正让用户省心、省时、省力、省钱的供应链平台。

在高速发展的今天，中国互联网行业竞争剧烈且残酷，对赢家奖励较高。由于远超传统行业的压力和考验，中国互联网创业者在知识迭代、观念刷新和眼界开阔上，远远超过同时代其他行业的企业家。

林子翔说，就连斑马仓的命名，都深谙时代发展规律，以求充分满足消费者认知。只有在记忆和传播中占据领先优势，才更容易获得成功。

四、案例点评

斑马仓的成长，既得益于商业模式，也得益于利益分配机制与内部运作机制。同时，更为重要的是，创业者对创业团队的重视，以及创业团队成员之间的优势互补与通力协作。

创业者需要正确地判断团队成员的利益需求，这是有效激励的前提。创业团队的利益分配必须能够体现个人贡献的差异，有效的利益分配机制是保障团队稳定的重要条件。此外，高效的创业团队必须遵循一定的组建原则。一是目标明确原则。目标必须明确，这样才能使团队成员清楚地认识到共同奋斗的方向。二是互补原则。好的创业者总是在寻求团队的合作，其目的就是弥补创业目标与自身能力的差距。三是精简高效原则。减少创业中的运作成本，最大比例地分享成果。四是动态开放原则。创业是一个不确定的过程，团队成员可能因为能力、观念等多种因素离开，也会有新人加入。保持团队的开放性和动态性，才能保证团队吸纳合适的成员。

案例十七

陈旭：模式创新，改造传统教育行业

一、概述

创业者

陈旭，1984年生，浙江温岭人。2002年进入浙江大学数学与应用数学专业，2007年浙大直博，攻读数学系运筹学与控制论专业。浙江大学"求是强鹰"三期学员，十年后担任"求是强鹰"导师，海望教育创始人、董事长。

2016年5月，陈旭以校友身份成立数学科学学院陈旭奖学金，截至目前已资助20余名优秀在校生。"学霸"两个字是陈旭在学生时代的代名词，从台州中考状元，到浙江省第一届理科创新实验班尖子生，再到浙大保研并直博。大四保研成功后，在浙江省以及浙江大学"双创"氛围的熏陶下，不安分的陈旭选择了创业这条"不归路"。

公司简介

海望教育专注于国内外优质的教育资源，通过投资办学、定制办学、托管运营、教育综合体等多种形式，面向K-12（幼儿园、中小学、高中）的学生提供多类型教育项目，并为小学至高中的学生提供营地教育、升学指导等教育服务。

经过 10 余年的发展，海望教育已形成哈贝幼儿园、中科海望实验学校、诺科学校三个核心教育品牌，分别提供 K-12 国内和国际课程，并结合地域特点及区域性发展的需要，赋予每所学校特有的办学模式，旗下各个学段、各所学校各具特色和优势。在此基础上，海望教育新创"产业 + 教育"定制化办学模式，与国内多家高新技术园区建立合作关系，先后服务多个知名园区项目。

目前，海望教育在长三角地区及河南省已成功创办 10 余所学校，在校生近万人，成为具有影响力的涵盖 K-12 各学段课程管理与服务以及跨文化交流与合作的教育管理机构，是长三角地区创新型国际化教育的开拓者与领军者之一。

二、创业历程

创业起步，选择比努力更重要

在陈旭看来，"选择比努力更重要"。只有执着才能成功，但也要坚持对的方向。创业和学习都是这个道理。2006 年，还是浙大准研究生的他打定主意要在"创业"这条路上折腾一番。"提高分数和学习知识点都很简单，如果说难，那应该是学习方法和习惯上出了问题，只要辅之以相应的培训和指导，问题就一定能得到解决。"前半句还带点学霸的"自以为是"，后半句就有些创业者的思维了。

几经琢磨后，陈旭将创业方向锁定在了教育培训行业，毕竟有关"学习"的事儿是学霸们喜欢且有能力做好的。最初不断推演，草拟培训模型，等到假期时，他便找了个地儿，开办辅导班，做前期的市场试水。俗话说"万事开头难"，"起初挺不容易的，连课桌椅都是借的"。凭着一股子拗劲儿，等到开学时，总算凑了3万元，这就是格致教育的启动资金了。后来，陈旭拿着这个项目参加了首届赛伯乐大学生创业大赛，获得了千万元风投，成了创业明星。旁人只见到了台上的风光，却不知台下的功夫。

最初创办格致教育的那段日子，陈旭全周无休，工作日管项目，周末做讲师。从早八点忙到晚八点，回到宿舍，把小桌子往单人床上一架，继续折腾。整理培训材料，撰写管理制度，每天几乎都是忙到凌晨。陈旭坦言，格致点燃了他的教育热情。被学生们喜欢着，看着他们脸上因为成绩大幅提升而展露的笑容，这种成就感比自己当学霸来得更加圆满。"好的老师对学生的影响真的很大，而培训有它的短板，只能作为补充手段存在，无法形成更深远的影响，我希望能做得更多。对于孩子们来说，家庭教育没法替代，那学校教育呢，有没有发力的可能？"陈旭说，这就是海望教育的源头，也是根植在每个培训人骨子里的办学梦。不同的是，大多数人只是在做梦，而执着的人却用行动实现自己的梦想。

艰难发展，没有路就磨出一条路

格致教育扎根于培训领域，海望则专注于国际教育办学。虽说都在教育行业，但无论是经验还是资源，没一个能互通。"当时的民办国际学校在办学领域还是个新生事物，包括监管在内的整个行业都在摸着石头过河。我本就没有办学经验，也没有可借鉴的对象，更是难上加难。"陈旭说，那段时间自己的目标还算明确，但真要做起来，却有些迷茫，不知道该怎样迈出第一步。陈旭形容自己的偏执是撞了南山也不回头的那种。

一个偶然的机会，陈旭得知上海有位具备相关办学经验的老前辈，仿佛迷雾中乍现了一丝亮光，他决定拼尽全力也要抓住这个机会。"老先生 70 多岁了，从深圳受聘到上海当校长，第一次见面就直言，早 8 点后的工作时间是雇主的，不方便，但转头又是一句，老人家起得早，6 点就在学校了，那个时候倒是可以聊聊。"当时，陈旭的事业重心还在格致，但为了筹备转型，他每周仍会抽出三四天的时间，凌晨三四点从杭州出发，驱车赶往上海，只为在老先生的空档陪着聊天、喝茶、散步。"当时是春天，其实困得不行，但一切都为了取经。"春去夏至，不仅办学疑惑解了，老先生还推荐了相关人才，让陈旭感念至今。直到现在，陈旭仍不禁慨叹，那段经历真是像极了张良和黄石老人的故事。

2009 年，格致教育成立第三个年头，在杭州已有十多个学习中心。海望教育也在杭州成立了第一所国际学校，算是小有规模。

但就在那一年，陈旭却做了个惊人的决定：从格致教育全面抽身。"全力以赴"是陈旭的做事风格，"尽力而为"却不是。分神劳心打两副牌，最后很有可能都做不好。格致把陈旭领进了教育行业的大门，但海望才是他想终身奋斗的事业。但要走出去，难！

2012年，陈旭带着4人开拓小队进军郑州，通过与公立学校合办国际部的方式切入了河南市场。陈旭说，河南高考竞争之激烈众所周知，无论是分数线还是录取率，都十分惊人。海望试水郑州，就是应了自己一个郑州籍同学的邀请，想为郑州的学生带去一条不一样的路，也想检验下海望办学的复制能力和远程管理能力。但陈旭没料到的是，恰是郑州这一役，让他受挫不已。"前期筹备了差不多一年时间，每个月都往郑州跑，待半个月再回。但到开学时，80个名额却只招到13人。"他苦笑着说，"其实是两头焦，另一半时间，是愁在上海。"2011年海望教育进入上海市场，2012年新成立的国际部才开学，就因为受到行业负面消息的牵连，"差点被拍死在了黄浦江畔"，他只得抽身到上海，亲自坐镇。

2012年，新市场开拓遇挫。是撤回杭州大本营保存实力，还是留下来持续作战，成了当时摆在陈旭案头的难题。几经考量，他选择了后者。"郑州也好，上海也罢，学生因为信任而放弃了国内高考的路，我就要对他们负责到底。就算13个人，也得照常开课！"陈旭的签名档上有句话已经挂了多年："此事因我而起，我必负责到底。"也正是这句话，让他扛过了最灰暗的2013年。

未来发展，打造个性化国际教育，做创新型国际化教育领导者

"海望"取自"海纳百川、明德众望"，寓意汲取中外教育之精华，成为受人尊敬的存在。这个名字不只是海望对自己的要求，也是对学生寄予的希望。陈旭指出，国际教育在中国的发展经历了从考量课程输出能力到比对学校综合实力的转变，他把这定义为国际教育从 1.0 到 2.0 的迭代，而未来的 3.0 版本将更侧重于个性化教育。海望教育的办学特色，是国际教育 3.0 版本，也是海望教育的竞争力所在。

而今的海望教育，经过十余年的发展，通过不断创新商业模式、寻找战略合作伙伴、整合教育资源等方式，已成功在长三角及河南省多地创办了十多所国际学校，在校人数近万人。其中，哈贝幼儿园以 IB 为课程体系，采取中英双语浸润式的教学模式，现已成为上海宝山首家 IB 候选园所；中科海望实验学校引进了中科院在科学技术和基础教育方面的优质资源，并将扎实的国内基础教育与先进的国际双语教育相融合；上海诺科学校也已闻名黄浦江畔，是上海市为数不多的同时拥有英国剑桥大学考试评估委员会和美国大学理事会双重认证的学校，被称为"文理学院式的国际学校"；而曾历经坎坷的郑州诺科学校，现在也是年年爆满，硕果累累，获得家长和社会的一致称赞。

在陈旭的不断积极探索与创新下，海望教育正逐步建立起一个结构分明、内容完整的教育生态。确立了"科艺双兴，幸福卓越；

深耕中国，盛开国际"的办学理念，开创了"产业 + 教育"的定制化办学模式，开发了投资办学、合作办学、品牌输出、托管运营等业务模式。打造了哈贝、中科海望、诺科三个优秀的教育品牌，囊括了从幼儿园到国际高中的十五年一贯制学校，涵盖了"国家基础教育 + 国际融合课程 + 全球胜任力课程"的全面的课程设置。海望教育在陈旭描绘的蓝图里，正一步一步从概念到清晰，从纸上到地上。陈旭说，当初他在"格致"没能做到的，在"海望"做到了。

如今，海望教育这个承载了他梦想的"巨人"正托举起更多的明日之星，正努力成为一个个性化的国际教育集团，做创新型国际化教育领导者。而陈旭要做的，则是当好这个"巨人"的瞭望者，让它走得更稳、更远。

三、创业小结

教育创新，就是对传统教育行业的再改造

2006 年，陈旭在最初准备创业时看到了一个现象：东南亚的辅导市场非常火爆，街道两旁随处可见各种辅导机构。"他们的辅导老师都是西装笔挺的。在当时人们的观念里，笔挺的西服都是高端外企工程师才穿的。所以你会发觉大家都很重视教育，但国内在教育培训方面并没有很完善，那个时候新东方还没有上市。"陈旭说。另一方面，陈旭发现，当时大学生做家教的市价是 20~25 元 / 时，而有一家培训机构聘请大学生家教的传单上却

写着 35~40 元 / 时。为什么这家机构能够给高出行业标准的薪资？经过了解，陈旭发现这家培训机构用"个性化辅导"这一新理念提高了收费标准。这件事情点醒了陈旭关于教育创业的一个基本观念——教育创新，也就是对传统教育行业的再改造。

对创业者而言，很多时候你想要脱颖而出，其实就是把原来满足需求的模式换一下，更有效率、更好地解决痛点。拿培训这个行业来说，它本身是比较传统且有章可循的，关键就看你能不能把它升级出"个性化辅导"这样一个新需求。当然，有了需求升级的想法还不够，还需要更多地去了解和研究这个行业，用陈旭自己的话说就是"千万不要觉得只有你才能做"。

认知商业模式的能力，是创业者要具备的根本素质

在创业的历程中，经历了一次次的挫折、反省与提升之后，陈旭总结出了自己的一套创业心得。其中，他意识到：一个成功的创业者需要具备的根本素质是认知商业模式的能力。听起来高深，但实际就是一个通过现象看本质的能力。这个能力非常重要，它让陈旭明白，在创业中遇到的诸如资金限制、人脉影响等挫折背后的原因，本质上都是尚未真正看透商业模式。陈旭解释说，所谓的看透商业模式，不仅需要去看清楚阿里巴巴、腾讯等这类大企业是如何赚钱的，去了解现有的市场运作方式，更需要分析商业想法，市场到了某一阶段已经具备了什么、还需要什么。很多时候陈旭觉得创业成功与否，跟一开始的选择就有关，有些人

（认知不准确）选择了一条注定就不会成功的路，有些人选择的路径就有较大的成功概率，当然这个概率是一个相对而言的概念，但这样的认知却是最关键的。

在公司运行基本稳定后，陈旭就开始思考：自己真正能给学生带去的是什么？难道仅仅是应对学业任务的方法吗？这对他们未来发展又有怎样的改变呢？在分析了教育市场的环境之后，陈旭认为，如果想要在一众优秀的为高考服务的公立或者私立学校中脱颖而出，就必须具备独特的市场竞争力。于是陈旭抓住了国际高考的机会，办国际高中，给学生提供在国内学习国外课程的机会，这也就成了现在的海望。

当然，认知商业模式的能力是可以后天培养的。陈旭特别提到了浙大的求是强鹰俱乐部，它聘请知名浙商担任大学生创业实践导师，导师会为学员提供一系列的创业训练和帮助。陈旭曾是求是强鹰的学员，而现在已是该俱乐部的导师。因为创业导师的身份，他与学弟、学妹有了更多的接触。在享受与年轻思维碰撞的同时，他也感叹："现在来咨询创业的孩子年龄越来越小，有些才刚刚大一。"这在他看来是很不合适的，创业应当是深思熟虑之后的事，而不是一个天真的想法或者图一时新鲜，毕竟真正创业成功的人只有一小部分。没有足够的学习和积累，凭什么认为自己会成为那一小部分中的一员呢？

陈旭也从自身创业的心路历程中，悟出了两点"心得"，与浙大的学弟、学妹们分享：一是敬畏心，创业需谨慎，应对它抱有敬畏之心；二是在读书阶段，要尽可能多地去尝试更多的东西，认真决定后再去创业。

四、案例点评

通过这个案例，我们可以看到海望教育的成功可以说是一种模式上的创新。首先，模式创新的出发点是为客户创造价值，海望教育就通过承办国际学校，为想要接受国际化教育的人群，提供一个优质、放心并且符合其需求的机构，为这一人群和家庭提供优秀的国际化教育服务。同时，海望教育也深刻理解这部分人群的需求，能够清晰地告诉客户"我们可以解决哪一类需求""我们正在为客户提供什么样的产品或服务"以及"我们要传递什么样的价值主张"。其次，我们看到案例中的创新与一般的技术创新不同，并不是从功能与技术特性出发来考虑所产出的产品或者服务，而是从客户的角度出发，逻辑的起点是客户的需求。此外，商业模式的创新是一种综合的系统性创新，不是单一生产要素的变化，而需要整个组织进行战略上的调整，是一种集成创新，是以客户价值为中心的各种要素运行机制的创新。

正因如此，商业模式的创新是一种很难被模仿的创新，它不仅仅涉及生产要素的改变，同时也涉及创业者个人素质的高低与对机会的识别能力。因此，非常难以被竞争者模仿，这也使得它成为当今企业核心竞争力的来源。

案例十八

王暾：坚守知识与技术 为企业发展提速增效

一、概述

创业者

王暾，1987年10月出生于山西太原，浙江大学竺可桢学院工科平台07级本科生，浙江大学优秀毕业生，美国加州大学伯克利分校（University of California Berkeley）劳伦斯伯克利国家实验室（Lawrence Berkeley National Lab）访问学者，曾主持国家大学生创新性实验计划。第三届杭州大学生创业大赛特等奖获得者，第三届中国杭州大学生创业大赛特等奖第一名（2013）。王暾创办的杭州赤霄科技有限公司于2013年分别入选青蓝计划、雏鹰企业、杭州市高新技术企业等。

组织简介

杭州赤霄科技有限公司（以下简称"赤霄科技"）是一家专注于人工智能计算机视觉技术创新和工业应用的高新技术企业。赤霄科技始终致力于运用人工智能技术和自身表面质量检测领域丰富的应用经验，为不同行业的用户量身定制专业的检测方案，从而有针对性地满足行业用户多样化的需求。

赤霄科技以弘扬先进技术的商业价值为使命，创建了国内人工智能机器视觉系统领域最早的研发团队，核心成员分别来自浙江大学、加州大学伯克利分校、香港科技大学等重点院校的光学、图像检测软件、机械、电气自动化等专业。赤霄科技在图像处理、光学成像、人工智能等领域拥有众多技术创新专利，处于行业领先地位。

赤霄科技在亚洲地区拥有完善的研发、生产、销售、技术支持网络，已在薄膜、锂电极片、锂电池隔膜、铝塑膜、金属、无纺布、纸、纺织物、PCB 等行业为数千家用户提供专业的表面缺陷检测技术方案。

随着工业 4.0、智能化、MES 等理念的不断加深，越来越多的传统企业投身于时代的浪潮中。赤霄科技也在这些年完成了机器视觉、自动化、信息化、人工智能的完美融合，从而为制造企业装上了一双智能的眼睛、一个智慧的大脑，最终实现快速精准的分析测量，可极大优化、改善工艺流程，实现最优效率和质量的组合。

二、创业故事

"不安分，不守成"，爱啃硬骨头的学霸

王暾考入浙江大学后直接进入竺可桢学院学习。2009 年，他

所撰写的论文获得了美国大学生数学建模赛的一等奖，收到了以访问学者的身份前往加州大学伯克利分校劳伦斯伯克利国家实验室进行合作的邀请。在做访问学者期间，又获得了留美攻读博士学位的机会。

在他人眼中，王暾是一枚妥妥的学霸，未来在学术科研上定会有一番大作为。然而，在大家都以为王暾抓住了这次他人可望而不可即的机会留美深造的时候，他却放弃了在加州大学伯利克分校攻读博士学位的机会，不顾家人和老师的劝阻，毅然决定回国创业。

人生轨迹因一堂简单的管理学课而改变

王暾从小的理想就是成为一名大科学家。然而，大二时管理学课堂上老师的一句"如果科学不能转化成技术，技术不能变成产品，科学又有多大用处呢"，让王暾开启了新的视角，重新审视自己曾经的科学梦。从专注科研、"两耳不闻窗外事"的"学霸"，开始思考科技应该如何转化为生产力，开始关心身边现实的科技需求，也为后来放弃读博机会而毅然选择回国创业埋下了伏笔。

年少者敢搏，但不盲目

王暾发现，许多中小企业都存在技术方面的强烈需求，但另一方面却是掌握技术的高端人才无处可施展才华。两者该如何嫁接？王暾萌发了搭建专业技术咨询平台的设想。

年少者敢搏，说干就干！王暾和几位志同道合的朋友一边搜集企业面临的技术难题，一边寻找对口的解决方案。做了半年，王暾发现最大的问题是从高校、研究机构找到的解决方案往往缺乏针对性，不能直接解决企业的技术难题。其次，面对企业提出的不同层次的技术需求，他们需要耗费大量时间寻找专业对口的技术人才。这对当时还只是学生的王暾来说，很难建立起能够满足需求数量的人才数据库，同时也缺乏相应的社会资源。在这些现实问题还难以得到解决的时候，王暾决定出国深造。

创业"时不我待"，毅然决然

一年访问学者结束时，加州大学伯克利分校给了王暾攻读博士学位的机会。这是一条名副其实的人生坦途，机会着实难得。可在王暾看来，创业更是"时不我待"，若是等拿到博士学位后再回国创业，或许就再也无法跟上国内工业发展的步伐了。王暾希望更快实现自己的梦想，"我从国外学得一身技术，希望把先进技术用在自己的国家，促进中国发展，也希望能够在这里实现我的'中国梦'"。

学成归来，报效祖国

2011年，王暾回国，和好友一起创办了杭州赤霄科技有限公司。有了之前做技术咨询平台时打下的市场调研基础，王暾团队了解到大量企业对产品质量检测有需求，再结合对工业视觉技术前景的预判，王暾从广泛的技术创业中细分出机器视觉检测，并将拟开发的产品初步定义为"工业片材表面缺陷在线自动检测仪"（以下简称"检测仪"）。

通过计算机视觉技术，检测仪能够自动识别材料表面细微的缺陷。依靠工业片材表面缺陷在线自动检测仪，能做到比人工检测更高效、更精准，能降低企业人工成本，提高管理水平，还能加快企业自动化与智能化流程，把大量的人力从枯燥的检测工作中解放出来，从而推动产业结构调整和经济转型。

"基于云端大数据的平面材料检测远程系统及检测方法"获国家发明专利，并率先在国内工业行业中推广应用。相对传统算法，深度学习技术可以对缺陷图像进行多层复杂特征的提取，从而克服传统算法难以解决的背景干扰问题。深度学习技术在图像处理和光学成像上的独特优势使得赤霄科技的检测仪不仅能够检测各种高难度缺陷，即使轻微的缺陷也不会错过。

道阻且长，行则将至

赤霄科技创立初期，因为工业片材表面缺陷在线自动检测系统在当时的劳动密集型产业中是新生事物，王暾和伙伴们几乎跑遍了全国，仍是吃了各种闭门羹。为提升市场对工业片材表面缺陷在线自动检测系统的了解和认可，2013 年，王暾带着这套系统参加了第三届中国杭州大学生创业大赛。

不鸣则已，一鸣惊人。王暾团队研发的工业片材表面缺陷在线自动检测系统凭借相对成熟的性能以及广阔的应用前景，一举成为第三届中国杭州大学生创业大赛的最大赢家。他不仅以最高分捧走了比赛的特等奖，还受到了众多投资方的青睐。正泰集团股份有限公司董事长南存辉更是当场拍板，"以后（正泰）用你们的产品"。

破浪前行，政策护航

作为第三届中国杭州大学生创业大赛总决赛特等奖得主，王暾团队不仅得到了 3 万元的比赛奖金，还获得了政府 20 万元的无偿资助。这对于在创业初期资金紧缺的王暾团队来说，无疑是解了燃眉之急。

赛后，组委会还对参赛团队进行后续跟踪服务，以促进优秀项目在杭的落地转化。此外，王暾团队还申请了政府 30 万元的无息贷款，从而为公司的后续发展提供资金支持。

杭州这座充满活力的双创城市的各项创业扶持政策深深吸引着王暾这位土生土长的北方小伙，这让他执意留在杭州创业。除了资金上的支持，浙江省人力社保厅还为赤霄科技提供大学生见习补助，缓解公司的用工压力，也为公司招揽更多优秀毕业生来公司实习。人社厅聘请的创业导师，与赤霄科技形成了帮扶关系。创业导师提供优质资源和创业指导，提供创业知识咨询、市场前景分析以及政府政策解读等服务，帮助公司更好地发展。

随着政府自上而下的持续推动，工业机器视觉技术领域进入发展黄金期。赤霄科技和王暾本人先后获得了"十佳创业者""杭州市高新技术企业""杭州市雏鹰计划企业""杭州市智慧应用重点推广项目""浙江省光学学会理事单位"等荣誉称号。

梦想未成，步履不停

对于创业者来说，梦想从没有终点。未来，王暾仍希望能够继续把专业化技术咨询平台做下去。王暾坦言："专业化技术咨询平台的存在，首先能够促进中国的产业结构调整，实现中国的经济结构升级。改变中国经济目前依靠低成本劳动力和高资源消耗的现状，将知识力量和科技含量注入中国企业。其次，提高中国高校学生实际动手解决问题的能力。同时改善中国的财富分配形式，使得知识阶层成为财富新贵，使得知识分子取得应有的社会地位和经济地位，对中国的教育界和科研界产生影响，使科研不再是灌水的科研，教育不再是填鸭的教育和应试的教育！"

"让知识创造力量，让科技赋能中国"，这是王暾的梦想，更是他一往无前、步履不停的动力。

三、创业小结

王暾认为，创业也就是创立属于自己的业务，不要看现在社会上拥有自己公司的人很多，但创业的路总是历经坎坷，而每失败一次就等于走向成功一次。

一直以来，王暾将"把知识和技术转化为社会财富，将知识力量和科技含量注入中国企业"作为自己的创业座右铭，他也将这个理念贯穿于自己的创业历程中。创业 10 年，赤霄科技为国内多个行业上千家材料制造企业提供了质量改进方案，使国内工业材料品质达到世界先进水平，每台设备每年为企业节约 1~2 人的人力成本。

四、案例点评

在当前互联网与信息技术快速发展的背景下，大量商业信息的搜寻与获取已经不再遥不可及，发现和找到当前热门行业与项目也变得相对容易，这就使得很多热门领域的竞争相当激烈。这些行业虽然有着相对较低的进入门槛、相对较为看好的市场前景，但要想在其中维持生存与发展，则对资本、人脉、技术等资源的要求普遍较高。对于普通的创业者而言，如果没有相对丰富的先天资源禀赋，面对竞争激烈的市场，其生存压力可想而知。因此，通过对社会发展趋势、行业动态、市场需求以及自身资源的综合考虑，将企业精准定位到一个特定的细分领域，能够帮助企业更好地实现自身目标。

本案例中，具有工科背景的创业者王暾的创业想法不是直接从技术本身出发，而是来自管理学中对科技如何转化为生产力这一问题的思考与探索。一方面，社会上的企业需要新技术去解决问题，但大量中小企业因其自身体量与资源的限制，无法在科技创新中投入大量的资源；另一方面，占有大量新技术与研发资源的高校人才，其成果又无法很好地进行转化。鉴此，王暾产生了搭建技术资讯平台的想法，将目光集中在企业技术咨询这个较为宽泛的领域。在之后的探索中，他又在不断的尝试中发现新的问题与机遇。在对需求、市场、技术趋势等深入了解的基础上，王暾发现了市场上工业企业对于产品质量检测方面的大量需求。最后，王暾结合对工业视觉技术前景预判与制造业"机器换人"大趋势的把握，终于将企业定位在制造业机器视觉检测这一细分领域。通过本案例，可以梳理出创业者不断聚焦最终确定细分领域的过程；同时，也可以看到，在确定企业方向的过程中，对社会、行业大趋势的把握，对市场需求的发现，以及对自身特长的有机结合，是找准企业方向、确定企业发展的重要影响因素。

案例十九

钱文鑫：构建"科学的智慧共同体"

一、概述

创业者

钱文鑫，1985 年 5 月出生，硕士毕业于浙江大学软件学院，2012 年攻读浙江大学管理学院技术经济及管理专业博士。2016 年 3 月至今任浙江钱和股权投资管理有限公司总经理；2017 年 2 月至今任华盛科技控股股份有限公司董事长、三驱科技（杭州）有限公司 CEO。

2018 年获"创青春"浙大双创杯全国大学生创业大赛全国总决赛金奖，2020 年获第六届中国国际"互联网＋"大学生创新创业大赛金奖，2021 年 11 月获第三届教育部创新创业英才奖。

组织简介

钱文鑫自创业以来始终立志于运用所学的知识和理论，通过技术创新带动组织管理和资本创新，为推动中国科研进步做出贡献。这也是他成立华盛科技与三驱科技（3Q Lab）的初衷。

华盛科技立足实验室，提供从实验室基础设施建设，到智能化物联网构建，再到科学家社区和产学研转化等相关服务，致力打造全球智慧实验室生态系统。作为国内实验室行业首个挂牌新三板的公司，华盛科技拥有省级博士后工作站、国内首个实验室产业园、国内首个为科学家服务的学者基金、国内首个智慧共享实验室省级研发中心、世界第一个以区块链为技术核心的科学家社交平台。公司目前拥有近 3 万家实验室客户、1.6 万名科学家组成的网络社区、300 余项专利技术、12 项专业资质认证。未来，华盛实验室将形成跨学科、跨国界的科研共同体，连接全球科学家、艺术家和黑客，共同攻坚克难，共享全人类智慧。最终实现"区块链 + 金融 + 创造力传媒"三位一体的生态系统，打破学科壁垒、文化差异，将世界的实验室连接在一起，共同探索宇宙的奥秘，驱动人类文明的进步。

三驱科技（3Q Lab）致力于服务跨领域的交叉、协作与创新，基于区块链技术构建去中心化社交网络组织，服务科学、艺术、技术三大领域人群，碰撞跨界智慧，推动成果转化。目前公司已在浙江杭州、浙江嘉兴、江苏连云港等设有办公地，与各地政府、高校、企业展开广泛合作，旗下 3Q Lab、万人添书、失控蚂蚁等产品广受关注，且获得广泛好评。在钱文鑫团队的共同努力之下，三驱科技获得了"红船杯"全球创新创业大赛三等奖、清华大学创业大赛优胜奖等。此外，针对 27 岁以下的交叉领域创新创业者，三驱科技还特别设立了扶持基金，为科研创业项目提供资金、落地孵化、法律财务等多方面支持，希望能激发更多跨界灵感，涌现更多优秀项目，真正实现跨学科、跨领域创新。该基金设立至今，已资助近十个项目，覆盖生物＋信息、医药＋计算机等多个领域。

二、创业历程

不破不立

钱文鑫的博士研究方向是风险投资与管理，在读博期间通过技术和金融的交叉学科研究，在博士二年级就收获了人生的第一桶金，开启了他收购＋技术赋能的创业道路。华盛科技控股股份有限公司是他人生第一笔收购，这家公司是实验室行业龙头企业，服务国内超过 3000 家重点实验室，而这次收购，不仅仅是他理论联系实践的组织和管理创新，也让他踏上了实验室产业和产学研转化的创业道路。

在某种程度上，他的创业路径和思想本身就是一种创新，敢于做时代的弄潮儿，敢于承担风险，志存高远，又能脚踏实地地一步一步完成自己的梦想。

2017 年 2 月，钱文鑫正式成为华盛科技控股股份有限公司董事长兼总经理，彼时的华盛控股正面临四面楚歌的境地。在实验室行业深耕 16 年后，华盛技术成功成为行业领头品牌，并在新三板挂牌上市。只是时运不济，上市后的华盛正好面临中国整个企业管理模式和技术的加速转变，公司自身潜在的薄弱缺点也在资本市场中逐渐显露放大。在互联网时代停滞不前的华盛，因此也积累了大量的债款。

"怎样引导这家企业走出困境",这是钱文鑫加入公司后亟需破局的难题,而答案与他在浙大求学的点滴密不可分。他渐渐意识到,与科研息息相关的实验室产业,在当今互联网蓬勃发展的背景下,还有许多有待完善和创新的空间。他坚信,管理一定要求变、求创新,一定要顺势而为。所以他给华盛开出的药方叫"创新"。

钱文鑫并没有着急在华盛内部进行大整改。知己知彼,方能百战不殆,钱文鑫和他的合伙人、另一位董事黄景锟先进行了"两步走"战略。第一步,依托产业园的资源,吸纳多家产业公司入驻,盘活公司资产。第二步,梳理公司发展战略。

在对公司有了深入认识之后,钱文鑫更加认同了自己求变的想法,作为传统公司若是再不转型升级,只能继续陷入泥潭中,无法存活,必须从内部对公司进行"破坏式创新",创造新的经济结构。不过矛盾的是,以华盛现有的企业心态和利益机制,又很难突破这种破坏性创新所造成的两难困境。怎么办?进退都不行。最终,钱文鑫决定以"另起炉灶"的方式,来解决这个问题。

2017 年 7 月,华盛在杭州注册了一家全资的研发中心——杭州共享实验科技发展有限公司。技术研发管理团队大都来自北京大学、清华大学和浙江大学等重点高等院校。经过几个月的共同努力,2018 年,由共享实验团队历经一年多研发的智能化实验室产品"花生盒子"成功落地推出。这是华盛技术针对大数据平台应用开发的、与智慧实验室配套的实验室运行管理平台。"花生盒子"是一套整合了物联网、机器学习、自动化等技术的智慧实验室云解决方案，让实验室管理人员可以实时、便捷、有效地"看"到并"听"到实验室的运行状态，协助其制定创新、有效的实验室运营策略。"花生盒子"一落地，立刻受到各大高校科研人员的好评。这次成功不仅提升了公司其他相关产品的用户满意度，而且为公司进一步拥抱互联网时代提供了支撑。

除了"花生盒子"，钱文鑫还带领团队从实验室产业入手，专注打造全球智慧实验室生态系统，在实验室智能化和物联网技术上取得了巨大突破。钱文鑫团队在一次次摸索中，创立了共享实验室等科技型企业，打通了实验室产业链；还基于区块链技术，构建了以实验室为核心的科学家社区。在为全球科学家提供便利服务的同时，华盛公司的业务也在逐渐扩大。

重回梦想的起点

2018年，钱文鑫在朋友圈偶然看到了"'创青春'全国大学生创业大赛"的比赛通知。他回想起当年在浙大的求学岁月，还有那些可爱的求是学子，突然想通过这个创赛去了解一下学弟学妹们的创业构想，同时也希望可以把自己当下的创业思考展现给各位教授，收获宝贵的建议。

说干就干！钱文鑫叫上他的同学和同事，开始了创赛的准备。尽管作为董事长，每日事务很繁忙，但钱文鑫并未因此而忽视对这个比赛的精力投入。在创赛备战的那段时间里，钱文鑫和团队伙伴、团委老师一起，为了完善方案不知多少次从黑夜奋战到天明。而备战创赛的过程中，一次次对企业经营与成长历程的复盘也让钱文鑫对于企业下一步的规划有了更清晰的认知。最终钱文鑫团队收获了 2018 创青春全国金奖，更坚定了收购华盛的想法。

收购的道路并非一帆风顺，钱文鑫也曾遇到过困境。在第二轮融资中，他和合伙人在大冬天顶着严寒四处拜访各家投资机构。虽然他们心怀百分百的诚意与信心，但现实难免不尽如人意，最初的他们总是处处碰壁，甚至有些机构还没等他们说完就表示对他们没有兴趣。虽然那段时间特别难熬，但钱文鑫一直没有放弃。他始终认为自己的想法和创意是十分有潜力的，最终，功夫不负有心人，钱文鑫和团队伙伴遇到了天星资本的创始人，对方对他们的项目表示了极大的兴趣。为了促成投资，在之后的一年里，钱文鑫每周坚持分享项目的状况，最终不仅获得了投资，而且天星资本的创始人也成为钱文鑫团队的一员，负责投融资的事务。

2019 年 2 月 15 日，钱文鑫完成了对华盛控股的收购。"华盛科技控股股份有限公司是我第一个收购案例，迄今是新三板上相对成功的收购案例。"时至今日，回想起这次收购，钱文鑫依然觉得自豪。更值得庆幸的是，2019 年 3 月 1 日，华盛科技完成了 1.2 亿元的融资，进一步壮大了企业的规模，为企业发展增添了活力。

2019 年 9 月 26 日，钱文鑫成立了三驱科技 (3Q Lab)，这又是他创业史上的一个里程碑。在浙大求学期间，他发现学科壁垒、文化差异是阻碍学术科研创新的一个重大因素，所以，他内心有一股强烈的冲劲，"为什么不创立一个学术平台，来打破学科壁垒，打破国界，将世界的实验室连接在一起，方便全球的科学家、艺术家、技术人员共同探索人类未知的领域和宇宙的奥秘呢？"在这个想法的驱动下，他决定利用前期创业积累的资金、技术和人脉，来创立这样一个实现全球科学家互联互通的平台，促进信息流、技术流、知识流的畅通，驱动人类的文明进步。

下定决心后，钱文鑫没有迟疑，他坚信，互联网时代区块链技术能够有效地构建去中心化的社交网络组织，他确立以科学、艺术与技术为主要的目标领域，服务科学、艺术、技术三大领域人群，碰撞跨界智慧，推动成果转化。基于此，他创立了致力于服务跨领域的交叉、协作与创新的 3Q Lab 平台。该平台主要针对 27 岁以下的交叉领域创新创业者。除此之外，三驱科技还特别设立了扶持基金，为科研、创业项目提供资金、落地孵化、法律财务等多方面支持。该基金设立至今，已资助近 10 个项目，覆盖生物 + 信息、医药 + 计算机等多个领域。2021 年 3Q Lab 完成了万人添画、万人添书等项目的早期实验，让更多跨学科、大规模的创新和合作在这一平台上完成。

困境中成长

一路走来，钱文鑫也曾遇到措手不及的困境，也会发现自身的弱点，心理和思想随着自己事业的发展而发生变化。

在创业中遇到的一大困境就是沟通和协调管理能力。相较同龄人，钱文鑫的大学生涯可谓在创新创业中度过，尽管如此，大学生创新创业项目与真正的创业总是存在着巨大的不同之处。在大学中，每个项目的团队成员就是那么几位志同道合的伙伴，没有复杂的人际关系，也没有繁琐的第三方事务。钱文鑫只需凭借自己过硬的专业本领，全身心地打磨用心孵化的项目，而不用花费太多的精力在团队的运营上。

而在步入社会的实际创业历程中，钱文鑫逐渐摸索出一个道理：最大的变化是团队的运营要求更高，人际关系更加复杂，对领导者沟通管理能力的要求也在显著提高。在收购中还要涉及与券商、投行、会计师和律师等第三方服务机构的沟通和合作，还要进行大规模的组织架构调整和梳理，这些也对他处理复杂事务的能力形成了巨大的考验。尽管面对巨大的考验，钱文鑫依旧凭借着自己在最初创业时的热忱，在日常中积累经验，在细微处加强努力。在整个创业的过程中，钱文鑫也越来越明白领导层面的管理沟通对于一家企业的重要性与决定性，他不断磨练着自身的战略领导力，并依靠独特的哲学家气质风韵，带领着自己的企业开创更好的未来。

阳光下绽放

随着创业事业的不断推进，钱文鑫也逐渐受到了社会对他的认可，在他心里，这是他创业途中的重要里程碑。2021 年 11 月，钱文鑫获得了教育部三大奖之一——创新创业英才奖。"创新创业英才奖"每年评选 10 人，主要表彰勇闯双创浪潮、取得突出成绩的"创业明星"。获奖者来自历届中国国际互联网＋大学生创新创业大赛金奖得主，他们成功推动比赛项目转化落地，在创造经济价值的同时，积极回馈社会、回馈教育事业。而作为这些优秀创新创业弄潮儿中的佼佼者，钱文鑫不出所料地获得了这项殊荣。

　　钱文鑫自创业以来始终立志于运用所学的知识和理论，通过技术创新带动组织管理和资本创新，为推动中国科研进步做出贡献。而这项创新创业英才奖正是国家、社会对钱文鑫所具有的优秀的创业精神与创新实践能力的极大认可。回溯项目的发展节点，钱文鑫难掩对母校的感谢："项目从构思、落地到成长、成熟，都是在浙大学习期间完成的。我非常感谢我硕博士期间的导师们，还有校团委和创新创业学院的老师们，他们给予我非常多的技术指导和精神支持，让我放心大胆地去冒险，去尝试，去开展创新创业工作。"

三、创业小结

　　如今的钱文鑫是华盛科技与三驱科技（3Q Lab）两家企业的负责人。他带领团队从实验室产业入手，专注打造全球智慧实验室生态系统，在实验室智能化和物联网技术上取得了巨大突破。收购华盛控股，创立共享实验室等科技型企业，打通实验室产业链；基于区块链技术，构建以实验室为核心的科学家社区。钱文鑫还成立了三驱科技（3Q Lab），致力于服务跨领域的交叉、协作与创新，基于区块链技术构建去中心化社交网络组织，服务科学、艺术、技术三大领域人群，碰撞跨界智慧，推动成果转化。

谈及自己的创业历程和创业经验，钱文鑫时常感慨："在浙大创新创业土壤中成长起来的我们，拥有了正直、热忱和善良的团队价值观。"钱文鑫也寄语学弟学妹们，珍惜在校的学习机会，充分利用学校提供的平台和资源提升自我，坚持创新多维的思考模式。

"顺其道而行之，不能盲目自信"，钱文鑫这番话，正是自己多年创业的经验总结。他尊崇老子"无为而治"思想，他认为，企业的管理者是一个宏观战略的引导人、掌舵者，只需将自己的能量传递出去，并唤醒团队成员的能量，然后让专业的人做专业的事情。这也是他一路走来悟出的团队运营管理方式，顺其道而行之，招贤者而居之。

尽管获得了巨大的成功，钱文鑫也从未盲目自信。他说，市场在变化，团队在更新，战略必须实时更新，同时又必须保证自己的核心竞争力。对于管理者来说，在适应市场对战略进行更新的同时，又要兼顾核心竞争力是一件极难平衡的事情，但管理者又必须时时刻刻去做。所以，对于钱文鑫来说，华盛科技与三驱科技（3Q Lab）获得成功并不意味着创业的结束，只是新一段历程的开始。钱文鑫认为在创业的道路上要戒骄戒躁，不能盲目自信，每一位创业者都需要将学习作为毕生事业。

钱文鑫认为创业之路上除了要有一定的平台和资源，更要有越挫越勇的精神。"只有保有逆境中的强韧，才会有逆风翻盘的幸运。"在思索三驱科技未来前进的方向上，钱文鑫感慨万千，决定一家企业的成败有很多因素，但最重要的一条，钱文鑫坚信，"未来的竞争一定是参与全球化的人才竞争，所以如何构建自己的知识和能力壁垒是核心！"他也鼓励有创业意愿的年轻人尽早开始创业，"创业会让你快速地聚集资源和人才，希望大家尽快启动，这会给你很多惊喜和意想不到的好处，但这是有时间和期限的"。三驱科技是基于区块链技术探索去中心化自治共同体的先行者，不仅在实践中迭代产品和升级技术，最重要的是通过项目对 DAO（去中心化自治组织）的理论探索提出创造性的方法论和技术路径。

在具体的创业实践中，要在早期做好高瞻远瞩的战略，一定要广。但在创业具体执行层面一定要细，不仅要研究创业项目的优势和劣势，还要不断发掘潜藏在项目背后无法量化的优势和智慧，逐渐摸索出团队成功的关键。在他看来，"技术、管理、营销"等专业能力似乎并非一锤定音的要素，"持续的学习能力、复合型的教育背景、极强的沟通或演讲能力、超强的组队能力、对产品和服务的极高热情和兴趣"，才是创业过程中决定成败的"胜负手"。

除此之外，钱文鑫还始终不忘作为创业者的社会责任感，创业不仅与自身相关，更要积极承担社会责任。他认为，未来实验室仍然是基点，他们将继续以促进人类发展进程为使命，服务科学家，加快产学研转化，努力建设一个"科学的智慧共同体"。每一位创业者除了在创新创业领域潜心耕耘，还需要深感"社会责任之重大"。

四、案例点评

从华盛科技到三驱科技，钱文鑫始终都在坚持用创新引领创业与发展企业，无论是对已有企业的改造，还是对新项目的挖掘，钱文鑫都能找到管理创新与技术创新的结合点。

在华盛科技陷入困境的时候，钱文鑫并没有急于对组织内部进行大刀阔斧的改革，而是稳扎稳打地在盘活现有资产的同时，对企业的发展战略进行梳理，进而明确了企业发展的基本方向与总路径。成立杭州共享实验科技发展有限公司，通过新组织将精力集中在开发新产品——智慧实验室配套的实验室运行管理平台。这既能帮助华盛科技开拓市场，又能避免对原有企业改革而产生的潜在风险，实现了华盛科技的持续扩张。

就创业本身而言，很多创业者对挑战与不确定性有着天生的偏好，钱文鑫也是如此。面对当前良好的创业环境与学校的支持，在华盛科技已经取得一定成功的情况下，钱文鑫选择了二次创业。当然，对于项目的选择也并非仅凭热情而凭空想象。一方面，钱文鑫凭借在行业中多年的经验积累与物质积累，为二次创业的探索做好了准备；另一方面，当前国内创新创业浪潮也为他提供了良好的外部环境，加上信息技术的快速发展，使得全球范围内跨领域的交叉、协作与创新成为可能。

通过本案例，不难看出：战略方向的制定、行业内的不断深耕与对未来趋势的洞察，都对成功创业起到非常关键的作用。

案例二十

李晨啸：创造者的迷思

一、概述

创业者

李晨啸，1997 年生于浙江海宁，2016 年进入浙江大学传媒与国际文化学院，曾获"唐立新奖学金"、传媒与国际文化学院"十佳大学生"等荣誉，还是苹果 WWDC18 奖学金得主。不亦乐乎科技创始人及 CEO，致力于科技与艺术的融合互动，StepBeats、丸音等多款 APP 的开发者，曾入选胡润 U30 榜单。

组织简介

不亦乐乎科技 (杭州) 有限责任公司专注于 AI 音乐音频技术，"Empower music with AI"，用科技赋能每个人的音乐创造力。团队成员来自浙江大学计算机学院、微软亚研院、阿里巴巴等，研发了 StepBeats、MadDelta、Skyful 等多款 AI 音乐产品，于国内外知名期刊上发表论文十余篇，现已与 Soul、InShot、喜马拉雅FM、Nubia Z20 等多方合作，AI 生成音乐播放数已逾 3 亿。音乐无门槛，人人可创作。

二、创业历程

以下的内容是李晨啸个人亲笔所写，亦是李晨啸对自己经历的回顾和总结。

科技艺术家的梦想

在这个时代，说自己想做一名艺术家，总给人一种呆呆的感觉。这或许起源于我从小的叛逆，从一开始的直面顶撞老师，到带着一大帮学生"群众起义"，再到慢慢长大，我逐渐觉得这种暴力的方式没有办法真正解决问题，于是开始采用迂回战术，总选择在不动声色中暗渡陈仓。这种"温和的叛逆"深入我的基因，我没有很明显的叛逆期，但叛逆就像一片微微展开的玉兰花瓣，包裹了我从初中开始往后的所有时间。

我觉得自己很幸运，想象力和创造力在我身上就没有中断过。小时候的自己，凭借兴趣，学了一大堆乐器，学了素描、水粉，玩了很多东西，也见识了不少东西。我很容易在各种地方感受到美感——一种在复旦的"民间校训"中被称为"自由而无用的灵魂"的东西。

这种美感在新一代的科技产品中也展露无遗——初二的时候，苹果 iPad 2 惊艳了我，打开了我全新世界的窗门——我开始着迷于这个千变万化和迅速崛起的移动智能设备的世界。我开始看被誉为"科技界的三大春晚"的苹果 WWDC、谷歌 I/O、微软

Build，一直到大学，每一年都没有落下。

高中的我，开始自学编程，就为了能够吹牛，说市场上有一个自己开发的应用。科技艺术的美感，让我发现这种跨学科交融的如魔术一般奇妙的化学反应。

我的大学专业是广告学，属于传播学大类，但我很早就知道，这种被定义为"communication"的互动过程本质和人与计算机的"interaction"是同一回事。

我很早就冥冥之中觉得自己应该做一个艺术家，一个自我加冕的艺术家，但是我觉得传统艺术的道路已经走到尽头了——那些装置艺术、行为艺术、概念艺术在20世纪七八十年代的时候就被当时欧洲的前卫艺术家们玩完了，想要探索新的东西，必须另辟蹊径，但是我不知道怎么做。

至于我为什么走上创业的道路，我觉得有必然性，也有各种机缘巧合。

大赛中走出的创业团队

2017年，当时我还大一，浙大和苹果承办的第三届"中国高校计算机大赛——移动应用创新赛"开始了。作为高中就开始偷偷摸摸自学应用开发的我当然被其吸引，并组了一个小团队，可以说呕心沥血地开发了一款跑步创作音乐的APP——Step Beats。当时的想法很简单——我和朋友常常遇到跑步的时候选不到合适音乐的问题，如果音乐能够跟着每一步的节奏自动为用户创作，该有多美妙！当时的我们不懂商业模式设计，也不懂用户运用，只知道做一个好玩、有趣、创新的应用。我们设计了一个非常漂亮并且能够随着手机数据在屏幕上上下跳动的"动感沙锤"效果，并将自动生成音乐的算法用到了整个互动体验中。这个创意让大赛评委眼前一亮，我们也很荣幸地在复赛中获得头奖，并被推荐参加第三届中国"互联网＋"大学生创新创业大赛，最终竟然获得了全国总决赛的金奖。当然，我想这里面有不少运气的成分，但是年轻、活力、朝气确实成了我们的底色。在大赛中，我们第一次接触到了投资人，了解了股权架构、估值等各种概念。这个科技与商业的世界着实让我着迷。后来，甚至连苹果总部也听说了我们的故事，我们受邀参加了2018年在圣克拉拉苹果总部附近举办的全球开发者大会，还被免去了来回机票。我们还获得了一张和库克的合影，这让我们高兴坏了。

大赛之后，我们做了决定，应该真正像个创业团队那样运作。我们用了小半年的时间跑遍各地，见了各种机构，终于拿到了第一笔风险投资——来自一个校友基金的领投。我至今依然非常感谢那位愿意在早期鼓励我们的校友。

当然这一路中，团委的老师、学工部的老师、项目的指导老师都给了非常悉心的指导，这对当时的我们来说，无比幸运。

那时的我们，对创业本质的含义依然懵懂，可以说，我们在自己的想象与热情中，在各种机缘巧合的半推半就中，走上了这条道路。

创业，休学

我们的产品也很荣幸地获得了苹果的推荐，当天就多了十万多的新增用户。我们确定好了大愿景——用科技赋能每个人的音乐创造力。

随着一年左右时间的开销，第一笔融资即将见底，我们开始了第二笔的融资。这个过程并不容易，而且当第二笔资金确定之时，对方提出了一个要求——我和另一个合伙人必须休学，全职创业。

那段时间，我理解了非常多的事情。我对创业真正的认知，从那一刻开始有了直达灵魂的体悟——创业教育和创业全然是两码事。在整个赛场竞争的是"荷枪实弹"的特种兵，他们并不会因为某个团队在"充满热情与创意的大学生创业者"的光环下就更为仁慈。

我决定休学，在这个创业的战场上背水一战。那时候，我们公司已经有了不少社招的全职员工，那时的我，开始切身感受到责任压在肩膀上沉甸甸的感觉。

由于没有专业知识的训练，从用户洞察、需求分析、商业模式设计，再到后续的产品设计与开发，这一切对我们都是全新的。当我们准备迎难而上的时候，实际则跌入了内心的"绝望之谷"。

我们差点用完了所有的钱，最终在自动音乐生成技术于视频和社交场景的应用成功落地时，产生了收入。虽然不多，但我们省吃俭用，维持住了团队。

那一段低谷时期，我从绝望之谷开始攀爬"成长的山坡"。那时候有个问题困扰我很久很久——不是说好了想做一个自我加冕的艺术家么？创业逻辑中不少环节虽然不能说和艺术一定冲突，但艺术追求探索、创造、表达，而商业强调利他，为他人创造价值，这样别人才有可能付费。

可以打心底地说，这个疑惑困扰了我很久很久，我甚至一度怀疑我是不是走错了路，我为何非得做个"创业者"？我是不是因为能力不够，所以找不到合适的人来帮我解决商业的问题？我希望创造一个用科技和商业实现的艺术品，而产品本就不应该成为一个为实现创始人"艺术信仰"的作品，产品必须为用户服务。

温柔叛逆——抛下创业的狭隘标签

解决这个内心矛盾花了我非常多的时间，我相信应该超过两年。后来我在奇妙的顿悟中明白，艺术于我，只是第一件事和最后一件事。艺术是我的使命，但这个艺术不再是过去的艺术，而是一个开放的区间，我要用自己一切的行为、一切的思考，去诠释它，这就是我的生命。在它之前，是"生之来处"，在它之后，是"生之彼岸"。

我想起著名建筑师王澍在大二就公开向老师宣布："没人可以教我了。"（我曾经在高考填报志愿的时候考虑过建筑——毕竟，建筑是凝固的音乐）。

后来，新一波 Web 3.0 创业浪潮开始风起云涌，这里面层出不穷的各种野蛮生长的玩法，在令人眼花缭乱之时，又摧枯拉朽一般颠覆着传统的商业认知。那时候的我，已经对自己拥有了百分之百的自我信任，我终于认识到每个人注定是独特的，我也注定要探索一条自己的道路。很多话无论是谁说的，都应该自己去权衡，有时候就得果断地"不必听"。

那个时候起，艺术家与创业者的隔阂消失了，我回归了那个充满创造性的我。创业对于我不是使命，只是一种选择，只是我在探索、创造过程中选择的一条道路。我和团队、和投资人一起沟通交流，说出自己的想法——大家依旧信任我，而我给了自己一片更广阔的天地。

三、创业小结

我的创业道路，是对自我全面剖析的过程，也是对"创业"这个词语之义在自己的价值体系中"扬弃"的过程。时代的浪潮一浪接一浪，创业的形式也变幻万千，每一代人都需要用全然不同的眼光去解读。

浙大给了我非常好的机遇，让我有机会能够在这条并不那么"大众"的道路中探索，并用自己的理解与努力上下求索。这中间，有太多的老师、校友、同学、朋友需要感谢。

"求是创新"，这是浙大校训教会我的——实事求是，当然也坦诚面对自我；创新，勇于在自我信任的基础上去重新思考各种底层逻辑，并形成一套真正有洞见的思考方式。

我不是一个功利主义者，因此我不追求"幸福最大化"——无论于己，或是于人。我觉得自己从小到大保留无穷的想象力与好奇心的负面作用，是我难以给自己建立一套底层的意义与价值系统，这导致我从高中陷入了虚无主义的泥淖之后，就没有真正意义上走出来过。

不过，我不认为这是一种"拜伦式的不幸"，在创业的探索道路中，我重新发现了自己的心流状态——一个真正的"创造者"。

这种底层的精神，在浙大"求是创新"的校训中，也在高中"猛进如潮"的校训中，更在"自由而无用的灵魂"中。它镌刻在心灵深处，给我提供了无穷动力。

四、案例点评

创业充满了风险与不确定性，是一个长期而艰苦的过程，因此需要创业者有着明确的目标，并能够矢志不渝地追求下去。而能够长期坚持下去最大的动力，就来自创业者自身对某一事物的喜爱与追求。因此，对于创业目标的思索，个人追求与市场需求之间矛盾的调整，是每一位创业者都需要面对的一关。

本案例的创业者李晨啸富有创造力与激情，凭借着对艺术的喜爱与新技术的应用，走上了创业的道路，希望自己能创造出喜欢的作品。在不断尝试中，他也遇到了商业逻辑与艺术追求的矛盾，遇到了个人喜好与市场需求的冲突,同时也正是这些矛盾与冲突,让他逐渐找到了产品的目标——成为一件必须为用户服务的"艺术品",从而也坚定了他创业的最终愿景"用科技赋能每个人的音乐创造力"。

后记

浙里造梦人

百余年来，莘莘学子，汇聚浙大，风华正茂，斗志昂扬，激扬文字，畅想未来。

曾几何时起，求是学者，出发浙里，怀揣梦想，直挂云帆，长风破浪，勇敢创业。

创业，既非做买卖，亦非赚差价，也不同于一般企业经营；创业者，既非商贩，亦非生意人，也不同于一般企业家。

何谓创业？何谓创业者？浙大人有自己的诠释，浙大创业者用自己的勇毅担当、无畏进取给出了定义。"创"乃一事之始，即开创、创造，是从 0 到 1 "无中生有"的过程。"举而措之天下之民"方谓"业"，反之则为"孽"。故此，唯有创造利国、利民、利天下之美好事业，才够得上"创业"之称谓；从事这种事业的人，才有资格称得上真正的创业者。浙大人在实践，浙大人在探索。

创业绝非仅仅是为自己找份工作，因而，创业绝非人人皆可为之。

创业，首要的既不是市场机会，更不是资本、资源、信息等，而是创业者必须具备较为独特的品质、素养、能力，且三者相互依存，相互促进，互为一体，缺一不可。

创业者，初心是动力，使命是根本，情怀是基础，抱负是前提；

创业者，冒险是特质，兴趣是老师，行动是关键，意志是保障；

创业者，知识是条件，科技是手段，创新是方法，迭代是路径。

凡所种种，在浙大创业者的身上都体现得淋漓尽致。

透过浙大创业者的奋斗历程，我们可以更加清楚地领略到：创业是一场永无止境的赶考，创业是一首创业者自己作词作曲、自导自演、少有掌声甚至孤身一人的生命之歌，创业是玄奘的西行、鉴真的东渡，创业是人生的修炼，创业是一道亮丽的彩虹，创业是一幅美丽的画卷。

芸芸众生，靡不有初，鲜克有终；

求是学子，义无反顾，勇往直前。

成功是什么？成功是失败的继续，成功是失败的坚守，成功是每一次跌倒后的爬起来，成功是每一次刻骨铭心后的自我超越，成功是对永不言弃的坚毅者的接纳与褒奖。这就是浙大创业者对创业的诠释和对成功的解答。历经无数次的跌宕起伏、挫折失败、极度恐惧甚至绝望无助，没有搀扶，无人引领，浙大创业者咬咬牙，擦干身上的血，抹平内心的伤，强忍灵魂的痛，一往无前。许许多多的浙大创业者们正用自己的青春与热血谱写着一个个传奇的故事，生动具体，真实感人，给人启迪，催人奋进。

衷心感谢方毅、顾莹樱、李鑫、向昶宇、林书群、白云峰、方琴、王旭龙琦、陈博、田宁、李伟、林子翔、陈旭、忻皓、李晨啸、王曒、陈天润、钱文鑫、黄步添、李响（排名不分先后）等二十位校友、同学的勇气和毅力、担当与作为！你们让我有机会一遍又一遍地阅读大家用青春和热血谱写的真实故事，我倍感欣慰！我无比自豪！我的精神世界一遍又一遍地被你们感动，被你们启迪！作为浙大老师，我无比幸福，我无上光荣！我庆幸自己能遇见你们！我为你们鼓掌！我为你们加油！我为你们欢呼！致敬浙大的每一位创业者！

"创业从来都不是一个简单的过程，找准自己的定位，找准自己的市场，找准需要解决的问题，在某一个领域做到极致，往往是获得成功最关键的因素。"这是摸爬滚打多年后的方毅发出的创业感悟。

创业是一个漫长而艰苦的探知未来的过程，创业没有回头路，创业是对能力与意志的全面挑战。因此，创业者需要有敏锐的洞察力、极强的预判力、快速的应变力，创业者需要有坚定的信念、乐观的态度。"创业让我一次次审视自己的人性，在与自己对话的过程中不断地打破重塑。也正因为如此，创业让我收获了更好的自己，创业就是我人生最好的修行。"顾莹樱这样总结道。

"The best way to predict future is to create it." 这是林群书的创业激情所在。然而,林群书又说:"这世界上一定有人在做你想做的事业,过你想过的生活。如果你想迅速提高自己在某个领域的能力,第一件要做的事就是找到这个领域的 No.1,你要做的不是从零开始'发明辘轳',而是找到一个已经做成的人、一套已经被证实可行的系统,然后开始执行。"

凡有成就者往往都是对自己所从事的事业孜孜以求甚至偏执的人,真正的创业者一定是行动派,田宁也不例外。他常说:"我喜欢这项坚韧而孤独的运动,喜欢那种挥洒汗水,甩开膀子,朝着目标一步一步逼近的感觉。千万个思想不如一个行动,想了没用,你得做,just do it!"这不仅仅是嘴上说说而已,田宁就是这样做的。

真正的创业者,一定既热情洋溢又活力四射,有坚毅而沉稳的创业品质;真正的创业者,一定乐于吃苦、求变创新;真正的创业者,一定能始终保持良好的心态,积极面对困难,勇敢面对挑战;真正的创业者,一定足够热爱梦想,足够渴望目标;真正的创业者,在遇到瓶颈和困难时,一定能坚持到底。"创业者,最重要的是要有一股创业的激情,而且让它永远燃烧。悲观者往往正确,乐观者往往成功。"这是方琴的口头禅。正如方琴所言:"成功不是偶然,不浪费每一次危机。"真正的创业者一定不是抗拒"错误"的人,真正的创业者一定是善于向"错误"学习、善于积累的人。

"无论从事什么行业,做什么事情,都要从最基础的工作做起,都要经历摸爬滚打,这样才能真正掌握行业的门道。每个行业的水都很深，每一位创业者必然要经过长期的摸索才能在所属行业中做出一点成绩。"这是陈博创业多年后的真切感受。

创业是面向未来的，具有高度不确定性。成功创业，仅有努力远远不够，更重要的是远见与胸怀、眼光与格局，最终必然需要靠科技解决问题。依靠科技，强调创新，走科技创新的发展之路，是浙大学子创业的共性。"让中国工业信息化技术引领世界"是向昶宇领导下的木链科技的使命，"企业要的不是短期利益，要看长远发展，只有能持续经营积淀的企业才能做更多的事"。王旭龙琦说，"'教机器看懂制造，让身边人变得更好'，利珀一直在自主研发的道路上狂奔，致力于为工业企业提供更智能化、通用化的视觉检测设备。"

创业者要具有极强的领导力、组织力、协调力。曾任 5 年浙江大学篮球队队长、打了 9 年 CUBA 的王旭龙琦，从篮球中发现了创业的哲学："企业就像一支球队。球队的竞争力是通过不同的排列组合将每个队员的优势发挥出来并最终赢得比赛。没有团队意识的球员，即使个人能力再强，也难以最终赢得比赛。"而李伟在《致员工信》中写道："如果公司是一个温床，那么最终是所有人一起'灭亡'，团队是目标导向的，每个人都要为之奋斗。"

"我不想让环保成为我的谋生手段，但无论今后做什么，环保都会成为我的重要事情。"这直白平实、朴素无华的言语集中体现了"把绿色作为最好的生活底色"的忻皓在创业道路上甘于寂寞、乐于奉献、不断进取的精神追求与责任担当。

"我们很快就会成为大家眼里的大公司!"刚进浙大就对创业抱有极大兴趣的陈天润和他的团队正满怀激情地奔向美好的明天!

……

林林总总,不胜枚举。

希望本书提供的每一个鲜活的案例故事都能对每一位尊敬的读者有所启示。

创业,有始无终!

创业,永远在路上!

浙大创业者,上下而求索!

衷心祝愿你们——浙大创业者!

鲁柏祥

2022 年 4 月

浙江大学紫金港校区启真湖畔